Südtiroler Bäuerinnen kochen

4., überarbeitete und ergänzte Auflage

E-Mail: loewenzahn@studienverlag.at
Internet: www.loewenzahn.at

Buchgestaltung nach Entwürfen von Kurt Höretzeder
Satz: loewenzahn/Marlen Hundertmark
Umschlag: loewenzahn/Stefan Rasberger

Fotografien:
S. 4 , S. 8, 19, 23, 35, 49, 52, 71, 81, 95, 101, 117, 131, 145, 155, 182, 190, 193: www.fotowerk.at
S. 31, 38, 43, 56, 65, 86, 89, 106, 111, 139, 156, 161, 167, 171, 174, 179, 196: Herbert Gyss
S 54, 91 o, 127 u, 163 u: Ludwig Mallaun
S. 7, 16, 17, 55, 90, 91 m, 91 u, 126, 127 o, 127 m, 162, 163 o, 163 m: istockfoto.com

Umschlagfotos:
alle www.fotowerk.at; außer: Umschlagseite hinten links oben und rechts unten: Herbert Gyss

Vignetten:
alle www.fotowerk.at; außer: S. 120: www.pixelio.de

Gedruckt auf umweltfreundlichem, chlor- und säurefrei gebleichtem Papier.

Bibliografische Information Der Deutschen Bibliothek
Die Deutsche Bibliothek verzeichnet diese Publikation in der Deutschen Nationalbibliografie; detaillierte bibliografische Daten sind im Internet über <http://dnb.ddb.de> abrufbar.

ISBN 978-3-7066-2415-2

Südtiroler Bäuerinnen kochen

Einfach gute Rezepte

gesammelt und bearbeitet von

Karin Longariva

lœwenzahn

Die Südtiroler Küche – natürlich und raffiniert

Vorwort zur 4. Auflage 2008

Die Gerichte der Südtiroler Küche gehören sicherlich zu den reizvollsten und interessantesten der Welt – kulinarisch wie optisch. Tradition und Modernes, aber auch Bodenständiges und Fremdes wird in der Südtiroler Küche auf sehr harmonische Art und Weise miteinander verbunden.
Bei vielen Gerichten ist eine Ausgewogenheit zwischen Natürlichkeit und Raffinesse spürbar.
In den vergangenen Jahren ist „südtirolerisch essen" immer beliebter geworden. Nicht von ungefähr, versprechen doch so begehrte Leckerbissen wie würziger Speck, knusprig gebackenes Brot, reifer Graukäse, geröstete Kastanien oder auch frische Marillen einen höchst kulinarischen Genuss. Dabei sind viele Südtiroler Gerichte relativ einfach in den Zutaten und ebenso in der Zubereitung. Denken Sie an den typischen Apfelschmarren, die schaumige Weinsuppe, an die Spinatnocken oder auch an die Speckknödel.
Allerdings darf man sich hier nicht täuschen lassen. Denn gerade dort, wo die verlangten Zutaten auf den ersten Blick sehr schlicht und einfach erscheinen, ist eine absolut erstklassige Qualität der Produkte Voraussetzung für das Gelingen und somit für den entsprechenden Geschmack der Speisen.

Alle Grundzutaten müssen frisch, ausgereift und aromatisch sein.
In Südtirol kochen heißt also vor allem: Kochen mit frischen, einheimischen Produkten von höchster Qualität.

Diesen Sommer habe ich das Kochbuch der Bäuerinnen sorgfältig überarbeitet und einige neue, interessante, traditionelle Rezepte hinzugefügt.

Lassen Sie sich von dieser neuen Rezeptesammlung mit vielen neuen Fotos überraschen und auch inspirieren zum Nachkochen.

Karin Longariva
Herbst 2007

Ein besonderes Steinchen im bunten Mosaik ...

Aus dem Vorwort zur 1. Auflage 1995

Die besten Ideen bleiben Träume, wenn sie nicht konkret in die Tat umgesetzt werden. So ein geheimer Traum ist Wirklichkeit geworden mit der Neuerscheinung „Südtiroler Bäuerinnen kochen".

Die Idee dazu ist in der Edition Löwenzahn in Innsbruck geboren, sie wurde von der Südtiroler Bäuerinnenorganisation aufgegriffen und unterstützt und mit Fachkenntnis, Geschick und Sorgfalt von Karin Longariva, Fachlehrerin für Ernährung und Hauswirtschaft, verwirklicht.

„Südtiroler Bäuerinnen kochen" ist ein neuer, besonderer Stein im bunten Mosaik der Kochbücher, die in einer fast unüberschaubaren Anzahl auf dem Markt sind.
Es ist dies das 3. Buch in einer Reihe von Rezeptsammlungen, betreffend die bodenständige, bäuerliche Küche in den österreichischen Bundesländern sowie Südtirol. In diesem Werk ist Südtiroler Küchentradition und bäuerliche Esskultur gesammelt, aktualisiert und in ansprechender Form dargestellt.
Die Gliederung nach Bezirken bzw. Talschaften ist sehr übersichtlich, die Sprache einfach und verständlich, die Abbildungen gekennzeichnet von schöpferischer Phantasie und Liebe für das Detail.

Der Ausspruch „auch die Augen essen mit" trifft wirklich zu.
Das Besondere an den verschiedenen Gerichten ist der Sinn für das Natürliche, Einfache, die Originalität, der sorgsame

Umgang mit Lebensmitteln und das Bestreben, aus gesunden, hofeigenen Produkten das Beste zu machen.
Mit diesem Kochbuch soll auch wieder bewusst gemacht werden, dass Essen mehr ist als nur das Stillen des Hungers.
Ernährung, richtig verstanden, hat mit Gesundheit, mit Genuss, mit Wohlbefinden und Lebensqualität zu tun.

Ich wünsche den Südtiroler Bäuerinnen viel Freude mit „ihrem Kochbuch“. Möge es über den Bauernstand hinaus zahlreiche Freunde finden!

Augusta Ploner
Amtsdirektorin für die Landeshauswirtschaftsschulen

... am Schnittpunkt zweier Sprach- und Kulturräume

Aus dem Vorwort zur 1. Auflage 1995

Südtirol liegt am Schnittpunkt zweier Sprach- und Kulturräume. Einflüsse der italienischen aber auch der österreichischen Küche sind deutlich spürbar.
So vielfältig wie die Landschaft, die Täler und die Bevölkerungsgruppen des Landes, so vielfältig ist auch die Küche in Südtirol. Bodenständige, traditionelle Gerichte sind in Südtirol genauso anzutreffen wie moderne, leichte Gerichte.
Mit dem Ziel, alte, zum Teil schon in Vergessenheit geratene Rezepte der Südtiroler Küche neu zu beleben und der heutigen Zeit anzupassen, habe ich alte, aber auch neue Rezepte von den Bäuerinnen gesammelt.
Ich war erstaunt, wie vielfältig, interessant, abwechslungsreich und kreativ die Küche in Südtirol ist.
Aus einfachen, natürlichen Lebensmitteln wie Mehl, Eiern, Äpfeln, Brot und Kartoffeln werden phantasievolle, geschmacksvolle Köstlichkeiten wie Mus, Krapfen, Apfelkiachlan, Brotsuppen, Knödel usw. zubereitet.

Zu jeder Jahreszeit bieten die Bäuerinnen das passende Gericht.
Landschaft, Siedlung und Landwirtschaft, ökonomische und soziokulturelle Aspekte haben stets die Kultur des Essens geprägt. Tradition ist im Aufschwung, zumindest im Umschwung. Ihre Bedeutung hat nachgelassen, wenngleich in ihr nach wie vor die Grundlage des heutigen Ernährungsverhaltens liegt. Traditionelle Mahlzeitenmuster prägen mehr oder weniger die Essgewohnheiten in den verschiedenen Bezirken und Talschaften des Landes.
Am Schnittpunkt nordischer und südlicher Kulturen hat sich in Südtirol eine Eigendynamik entwickelt, welche ein recht buntes Bild vom Essen – und allem was dazu gehört – hervorbringt.
Das Bewusstsein in der Bevölkerung, selbst Verantwortung für die eigene Gesundheit und Gesunderhaltung übernehmen zu müssen und zu wollen, hat sich in den vergangenen Jahren massiv verstärkt. Lebensqualität, und damit auch Lebensmittelqualität, stehen im Vordergrund. Tradition und Fortschritt ergänzen und beleben sich, sind Wegweiser der weiteren Entwicklung, lenkend, fördernd, empfehlend und warnend.

Ich möchte mich bei all jenen Bäuerinnen bedanken, die mir ihre Rezepte zur Verfügung gestellt haben.
Danke sagen möchte ich auch Frau Angelika Kaser-Hinteregger, Hauswirtschaftslehrerin und Ortsbäuerin von Lüsen, die für mich Rezepte aus dem Eisacktal gesammelt hat und mir auch beim Ausprobieren einiger Gerichte hilfreich zur Seite gestanden ist.
Im Besonderen gilt mein Dank Frau Dr. Gudrun Ladurner, Leiterin der Hauswirtschaftsschule Haslach, für die Einführungen zu den Bezirken, den hilfreichen Anregungen, vor allem aber für die gesamte Präsentation der Fotos.
Viel Spaß beim Nachkochen, und genießen Sie die Spezialitäten der Südtiroler Küche!

Karin Longariva

Bozen, Überetsch und Unterland

Suppen

Fastenspeisen

Fleisch und Fischgerichte

Süßspeisen und Gebäck

Brot

Verschiedenes

Vinschgau

Meran – Burggrafenamt

Eisacktal, Gröden und Wipptal

Pustertal

Glossar

Bocksile: Johannisbrot
Grantn: Preiselbeeren
Palabirn: eine für das Vinschgau typische Birnensorte
Plenten: Polenta, Maisgrieß
Rahm: Sahne
Reindl: kleiner, flacher Kochtopf
Ribis: Johannisbeeren
Ronen: Rote Bete
Schwarzplenten: Buchweizen
Treber: Traubenschnaps
Tschotte: Topfen, Quark
Weggen/Weggele: Wecken, kleiner Wecken
Zelten: Früchtebrot
Zirm(zapfen): Zirben(zapfen)

Abkürzungen

kg = Kilogramm
g = Gramm
TL = Teelöffel
EL = Esslöffel
Msp. = Messerspitze
Pkg. = Packung
l = Liter
ml = Milliliter

Die Rezepte sind gedacht für 4 Personen.

Hinweis

Wenn in den Rezepten Schale von Zitronen oder Orangen angegeben ist, achten Sie bitte darauf, unbehandelte Früchte zu kaufen!

Bozen, Überetsch und Unterland

Bereits 15 v. Chr., als die Römer mit Drusus über den Brenner bis nach Augsburg vorstießen, findet der Bozner Raum geschichtliche Erwähnung.

Das Siedlungsgebiet im Alpenraum mit seinen teils begünstigten kleinklimatischen Zonen war und ist Grundlage der verschiedenen Kultivierungsformen in der Landwirtschaft und somit auch der Produktion von Nahrungsmitteln. Bekanntlich haben bereits die Römer die Weinrebe nach Südtirol gebracht und schon sehr früh einen Grundstein für die Landwirtschaft gelegt.

Gegen 800 n. Chr. wird der Name „Bauzanum“, aus dem sich das heutige „Bozen“ ableitet, erstmals dokumentiert. Im Mittelalter erblüht die Stadt zu einem bedeutenden Knotenpunkt und entwickelt sich zum Zentrum deutsch-italienischer Handelsgeschäfte.

Südländische und nordische Küche, vermischt mit bodenständigen Spezialitäten der Talschaften Südtirols, ergänzen sich von hier ausgehend zu einem umfangreichen und abwechslungsreichen Speisezettel.

Durch Handel und Bürgertum sind dem Bozner Raum die etwas „herrschaftlichen“ Speisen zuzuordnen, wenngleich dies heute nicht mehr deutlich wird. Die Weinsuppe, das Bozner Herrengröstel, Spargel mit Bozner Sauce, wie auch der Bozner Zelten sind eine kleine Auswahl davon.

Das bekannteste, wohl auch typischste Tiroler Gericht, der Knödel, ist auf den romanischen Wandmalereien in der Burgkapelle von Hocheppan recht eindrucksvoll dokumentiert. In der Darstellung der Geburt Christi hat der Maler dieser Fresken eine „Knödelmacherin“ verewigt; in der Kunst spricht man von der ersten Darstellung des Tiroler Knödels.

Spargelsuppe

1/2 kleine Zwiebel
250 g Spargel
etwas Öl
1/16 l Weißwein
1 l Spargelsud
Salz, Pfeffer
3 EL Sahne
40 g Spargelspitzen

- Spargel schälen
- aus Spargelschale und -enden einen Sud zubereiten
- würfelig geschnittene Zwiebel anrösten, Spargelstücke dazugeben
- mit Weißwein löschen
- mit etwas Spargelsud aufgießen
- 20 Minuten garen
- mit Mixstab pürieren
- aufgießen, würzen und ca. 5 Minuten kochen lassen
- Sahne und Spargelspitzen unterrühren und servieren

Tipp: *Spargel schälen: mit Kartoffelschäler, von der Spitze zum Stielende*

Selleriecremesuppe

etwas Öl
1/2 Zwiebel
500 g Sellerieknolle
1 l Gemüsesud
oder Wasser
1/16 l Sahne
Salz, Pfeffer
Petersilie
2 Scheiben Toastbrot
1 Knoblauchzehe
etwas Öl

- Zwiebelwürfel anrösten
- Selleriewürfel dazugeben, mit Salz und Pfeffer würzen
- mit Wasser oder Sud aufgießen
- ca. 45 Minuten garen lassen
- mit dem Mixstab pürieren
- aufgießen, ca. 5 Minuten kochen lassen
- mit Sahne verfeinern und mit Knoblauch-Brotwürfel servieren

Ronensuppe

etwas Öl
1 kleine Zwiebel
300 g Ronen
2 Kartoffeln
1 l Wasser oder Fleischsuppe
1 Lorbeerblatt
Salz, Pfeffer
1 TL Butter
gebähte Brotwürfel

- Zwiebelwürfel anrösten
- Ronen- und Kartoffelwürfel dazugeben
- mit etwas Wasser oder Suppe aufgießen, würzen
- 20 Minuten garen
- mit Mixstab pürieren, abschmecken
- Butter unterrühren und mit Brotwürfeln servieren

Tipp: *Gemüse waschen: nicht im Wasser liegen lassen, Vitamin-, Mineralstoff- und Eiweißverlust*

Terlaner Weinsuppe

1/2 l Fleischsuppe
3 Eidotter
1/4 l Sahne
1/4 l Weißwein
1 Semmel
etwas Öl
Zimt

- Fleischsuppe erhitzen
- Dotter, Sahne und Weißwein hinzufügen
- mit Schneebesen Suppe cremig schlagen (nicht kochen lassen!)
- mit Brotwürfel und Zimt servieren

Tipp: *Entfetten der Fleischsuppe: Suppe abkühlen lassen, bis das Fett erstarrt, Fettschicht entfernen*

Saure Suppe

500 g Kuttelflecke
2 Lorbeerblätter
etwas Öl
1 kleine Zwiebel
30 g Mehl
Salz, Pfeffer
1 Zitrone
1 Schuss Essig
Schnittlauch

- Kutteln sauber putzen, mit Lorbeerblättern weichkochen
- in feine Streifen schneiden
- eine dunkle Einbrenn zubereiten
- mit Wasser aufgießen
- mit Zitronenschale, Salz und Pfeffer würzen
- 10 Minuten kochen lassen
- Kuttelstreifen dazugeben
- einige Minuten kochen lassen
- mit Essig abschmecken, mit Schnittlauch bestreut servieren

Tipp: *Einbrenn: Zwiebelwürfel anrösten, mit Mehl stauben, unter Rühren hellbraun werden lassen, mit kaltem Wasser aufgießen*

Gulaschsuppe

etwas Öl
1 kleine Zwiebel
200 g Rindsschulter
1 Knoblauchzehe
Paprika, Salz, Majoran
Kümmel
Zitronenschale
1 l Wasser
200 g Kartoffeln

- Zwiebelwürfel anrösten
- kleinwürfelig geschnittenes Fleisch dazugeben
- gut durchrösten
- Paprika und Salz dazugeben
- Knoblauch, Majoran, Kümmel und Zitronenschale fein hacken und dazugeben
- mit Wasser aufgießen
- kleine Kartoffelwürfel dazugeben
- weichkochen

Tipp: *Gewürze: nie direkt mit heißem Fett in Verbindung bringen, ansonsten werden sie bitter*

Bohnensuppe

etwas Öl
1/2 Zwiebel
120 g Bohnen
40 g Suppennudeln
1 Lorbeerblatt
Salz, Pfeffer
Schnittlauch

- Bohnen über Nacht einweichen
- würfelig geschnittene Zwiebel anrösten lassen
- Bohnen und Lorbeerblatt dazugeben, mit etwas Einweichwasser aufgießen
- Bohnen gar kochen
- die letzten 10 Minuten Nudeln dazugeben
- Suppe abschmecken und mit Schnittlauch bestreut servieren

Variation: *die Hälfte der Bohnen mit Mixstab pürieren*

Radicchiorisotto

etwas Öl
1 kleine Zwiebel
140 g Radicchio
(Radicchio Trevisano)
160 g Rundkornreis
1/16 l Weißwein
Salz, Pfeffer
Wasser oder Gemüsesud
50 g Parmesan
40 g Butter
Petersilie

- Zwiebelwürfel anrösten
- Reis und Radicchiostreifen dazugeben
- etwas glasig werden lassen
- mit Weißwein löschen und würzen
- mit etwas heißer Flüssigkeit aufgießen
- verdunsten lassen und wiederum etwas aufgießen
- so fortfahren, bis der Reis kernig weich ist
- Risotto von der Herdplatte nehmen
- Parmesan und Butter unterrühren, mit Petersilie servieren

Tipp: *Salate und Gemüse mit kaltem Wasser waschen, ansonsten Verluste von wertvollen Inhaltsstoffen*

Aschernudel

250 g Schwarzpolenta-mehl
50 g Weizenmehl
2 Eier
Salz, frische Kräuter
Milch nach Bedarf
30 g zerlassene Butter
50 g Parmesan

- alle Zutaten zu einem nicht zu weichen Teig kneten
- 1/2 Stunde rasten lassen
- messerrückendick auswalken
- in 2 x 2 cm dicke Streifen schneiden
- in Salzwasser kochen
- mit zerlassener Butter und Parmesan servieren

Tipp: *Wasser erst salzen, wenn es kocht*

Spaghetti mit Zucchinisauce

etwas Öl
1/2 Zwiebel
200 g Zucchini
Salz, Pfeffer
4-5 Basilikumblätter
etwas Petersilie
1 Eidotter
1/8 l Sahne
40 g Parmesan
380 g Spaghetti

- Zwiebelwürfel glasig werden lassen
- Zucchiniwürfel dazugeben
- ca. 15 Minuten dünsten lassen
- würzen, gehackte Kräuter unterrühren
- von der Herdplatte nehmen, Sahne, Eidotter und Parmesan unterrühren
- die Spaghetti mit der Zucchinisauce mischen

Tipp: *Dünsten: schonende Garmethode, für Gemüse geeignet*

Schwarzplentene Spatzlan

200 g Schwarzpolentamehl
100 g Weizenmehl
ca. 1/8 l Wasser
2 Eier
1 EL Öl
Salz, Pfeffer, Muskatnuss
40 g Butter
40 g Parmesan
Schnittlauch

- Mehl, Wasser, Öl, Gewürze glattrühren
- Eier dazugeben
- Teig durch ein Spatzlsieb ins kochende Salzwasser drücken
- aufkochen lassen, herausnehmen, abschrecken
- Spatzlan in zerlassener Butter schwenken, mit Parmesan und Schnittlauch bestreuen

Maccheroni mit Pfifferlingsauce

etwas Öl
1 kleine Zwiebel
500 g Pfifferlinge
1 Knoblauchzehe
etwas Weißwein
Salz, Pfeffer
20 g Mehl
Petersilie
1/8 l Sahne
380 g Maccheroni

- Zwiebelwürfel anrösten
- grob geschnittene Pfifferlinge dazugeben
- sobald eigener Saft verdunstet ist, mit Weißwein löschen
- würzen und mit Mehl stauben
- aufgießen und ca. 20 Minuten garen lassen
- Petersilie und Sahne unterrühren
- Nudeln kernig kochen und mit der Pfifferlingsauce vermischen

Tipp: *Pilzgerichte nicht aufwärmen, sie verlieren dabei Geschmack und Aussehen*

Spargelrisotto

1/2 kleine Zwiebel
120 g grüne Spargel
etwas Öl
1/16 l Weißwein
160 g Rundkornreis
Salz, Pfeffer
Spargelsud
50 g Parmesan
3 EL Sahne
30 g Spargelspitzen

- Zwiebelwürfel anrösten
- Spargelstücke und Reis dazugeben
- mit Weißwein löschen
- würzen und mit etwas heißer Flüssigkeit aufgießen
- verdunsten lassen und wiederum etwas aufgießen
- so fortfahren, bis der Reis kernig weich ist
- Parmesan und Sahne unterrühren
- mit gekochten Spargelspitzen servieren

Variation: *weißen Spargel anstelle von grünem Spargel verwenden*

Spargel mit Kräutersauce

20 Stk. Spargel
Salz, Zitronensaft
1 Dotter
Salz, Pfeffer
1 Schuss Essig
1 TL Senf
2 EL Öl
200 ml Naturjoghurt
fein gehackte Kräuter

- Spargel schälen und weichkochen
- aus Dotter, Gewürzen, Essig, Senf und Öl eine Mayonnaise zubereiten
- Joghurt und fein gehackte Kräuter mit Schneebesen unterrühren
- Spargel mit Sauce, Schinken und Kartoffeln servieren

Tipp: *durch das Joghurt wird die Mayonnaise leichter verdaulich*

Gefüllte Teigtaschen

Nudelteig:
250 g Weizenmehl
2 Eier
2 EL Öl
Salz

Fülle:
150 g Wirsing
80 g Topfen
1/2 Zwiebel
2 Knoblauchzehen
etwas Öl
etwas Weißwein
Salz, Pfeffer, Petersilie
zerlassene Butter
Parmesan
Schnittlauch

- Mehl, Eier, Öl und Salz zu einem Nudelteig zusammenkneten
- 1 Stunde kühl rasten lassen
- Nudelteig dünn auswalken, mit Fülle belegen, zusammenlegen und rund ausstechen
- in Salzwasser 5 Minuten leicht kochen
- mit Parmesan, Butter und Schnittlauch servieren

Fülle:

- würfelig geschnittene Zwiebel anrösten
- fein gehackten Wirsing und Knoblauch dazugeben
- mit Weißwein löschen, 5 Minuten dünsten, würzen und Topfen untermengen

Variation: *Weißkraut anstelle von Wirsing*

Schuffa

50 g Butter
1 l kalte Milch
1/2 l Wasser
1 TL Salz
5 EL Mehl
hartes Roggenbrot

- Butter in einer Pfanne schmelzen
- Milch, Wasser und Salz dazugeben
- Mehl langsam einrühren
- unter ständigem Rühren zum Kochen bringen
- 15 Minuten kochen lassen
- dabei ständig rühren
- vor dem Servieren kleine Roggenbrotbröckchen hineinrühren

Lammrücken mit Knoblauchsauce

800 g Lammrücken
Salz, Pfeffer
1/8 l Weißwein
4 Knoblauchzehen
1 TL mittelscharfer Senf
Minzeblätter
1/8 l Fleischsuppe
40 g Butter

- Lammrücken salzen und pfeffern
- in der Pfanne scharf anbraten
- mit Weißwein löschen
- für 10 Minuten bei 200 °C ins Rohr schieben
- gehackte Knoblauchzehen, Minzeblätter, Senf und Fleischsuppe dazugeben
- für 7 Minuten ins Rohr schieben
- Sauce passieren, eventuell mit etwas Butter verfeinern und zum Lammrücken servieren

Tipp: *Kräuter erst nach dem Anbraten aufstreichen, sonst verbrennen sie*

Kalbsbeuschel

1/2 kg Beuschel
1 l Fleischsuppe
oder Wasser
etwas Öl
1 Zwiebel
1 Knoblauchzehe
Paprika
1 Msp. Neugewürz
1 Msp. Nelkenpulver
Zitronenschale, Pfeffer
Muskatnuss, Salz
Lorbeerblätter
einen Schuss Essig
oder Zitronensaft
300 g Kartoffeln

- würfelig geschnittene Zwiebel anrösten
- faschiertes Beuschel dazugeben, würzen und gut durchrösten
- mit Wasser oder Suppe aufgießen
- Lorbeerblätter, Schuss Essig und Kartoffelwürfel dazugeben
- ca. 30 Minuten kochen lassen
- abschmecken und servieren

Variation: *anstelle der Kartoffeln Polenta oder Knödel als Beilage servieren*

Surfleisch mit Sauerkraut

600 g Schweinefleisch
(Schulter, Bauch
oder Schopf)
Salz
1 Knoblauchzehe
1 Lorbeerblatt
300 g Sauerkraut
Kümmel

- Wasser mit Knoblauchzehe, Lorbeerblatt und Salz aufkochen
- Fleisch einlegen und ca. 1 Stunde kochen
- die letzten 15 Minuten Sauerkraut und Kümmel dazugeben

Beilage: *geröstete Kartoffeln oder Fastenknödel*

Bozner Herrengröstel

800 g Kartoffeln
1 Zwiebel
etwas Öl
500 g gekochte Rindsschulter
Salz, Pfeffer, Majoran
1 Lorbeerblatt
1/8 l Fleischsuppe

- Kartoffeln dämpfen, schälen, auskühlen lassen
- in Scheiben schneiden
- würfelig geschnittene Zwiebel anrösten
- Kartoffeln dazugeben, salzen, pfeffern und Kräuter dazugeben
- gut durchrösten
- blättrig geschnittenes Fleisch dazugeben
- alles gut durchrösten
- mit wenig Fleischsuppe aufgießen, durchschwenken und mit Krautsalat servieren

Tipp: *Fleischsuppe: grob gehacktes Wurzelwerk anrösten, aufgießen, kochen lassen, Fleisch hinzufügen, köcheln lassen*

Gedünstete Kalbskoteletts

4 Kalbskoteletts
Salz
1 kleine Zwiebel
etwas Öl
150 g Tomaten
Basilikum
Petersilie
40 g Parmesan

- Zwiebelwürfel anrösten
- Tomatenwürfel und Kalbskoteletts dazugeben
- 30 Minuten dünsten lassen
- ab und zu umdrehen
- mit fein gehackten Kräutern abschmecken
- Kalbskoteletts mit Parmesan bestreuen und mit Reis oder Kartoffeln servieren

Kalbsleber auf venezianische Art

400 g geschnetzelte Kalbsleber
1 Zwiebel
etwas Öl
1/8 l Weißwein
etwas Fleischsuppe
Majoran, Salz
weißer Pfeffer
Zitronensaft
gehackte Petersilie

- Kalbsleber in etwas Öl rasch anbraten, herausnehmen und warmhalten
- mit Weißwein löschen, angeröstete Zwiebelwürfel dazugeben, mit Fleischsuppe aufgießen
- aufkochen lassen, würzen, Majoran und Zitronensaft dazugeben, abschmecken
- Kalbsleber untermischen und mit gehackter Petersilie servieren

Tipp: *Leber erst nach dem Anbraten salzen, sonst wird sie hart*

Käselaibchen

600 g Faschiertes
2 Eier
1 alte Semmel
etwas Milch
1 kleine Zwiebel
1 Knoblauchzehe
150 g Käse (Fontal, Italico ...)
Salz, Pfeffer
Muskatnuss
Majoran, Petersilie
1 EL Parmesan

- Semmel mit Milch einweichen
- alle Zutaten mit dem Faschierten und dem fein gehackten Brot vermengen
- kleine Laibchen formen
- auf beiden Seiten gut anbraten
- mit lauwarmem Kartoffelsalat servieren

Variation: *fein gehacktes Gemüse unter die Masse mengen*

Gesurtes Schweinernes mit Kraut

700 g Schweinefleisch
1 Knoblauchzehe
1 Lorbeerblatt
300 g Sauerkraut
Salz, Kümmel

- Fleisch mit Knoblauch, Lorbeerblatt und Gewürzen ca. 1 Stunde in Wasser kochen
- die letzten 15 Minuten Sauerkraut dazugeben
- mit Röstkartoffeln oder Fastenknödeln servieren

Tipp: *zum Kochen sind Schweinsschulter, -bauch, -schopf und -haxe geeignet*

Teufelsfleisch

600 g Schweinsschulter
Salz, Pfeffer, Kümmel
1 Zwiebel
etwas Öl
1 Knoblauchzehe
3 Sardellen
2 Essiggurken
1 TL Kapern
1 EL scharfer Senf
ca. 1/2 l Wasser
1 EL Mehl
gehackte Petersilie

- Fleisch in Würfel schneiden und von allen Seiten gut anbraten
- fein gehackte Zwiebel, Knoblauch, Sardellen, Kapern und Gurken dazugeben
- würzen und gut durchrösten
- stauben und aufgießen
- zugedeckt weichdünsten
- Petersilie untermengen
- zu Fastenknödel oder Kartoffeln servieren

Tipp: *Gulasch schneiden: quer zur Faser, ansonsten wird Fleisch zäh*

Geschmortes Kaninchen mit Gemüse

600 g Kaninchen, in Stücke geteilt
80 g Bauchspeck
1 Zwiebel
2 Karotten
1 kleine Selleriestange
125 ml Weißwein
Salz, Pfeffer aus der Mühle
etwas Mehl
Wasser oder Suppe zum Aufgießen
2-3 Salbeiblätter
1 kleiner Rosmarinzweig

- Kaninchenstücke würzen und gut anbraten
- Speck und Gemüse würfelig schneiden, dazugeben und gut durchrösten
- mit Weißwein löschen, mit Mehl stauben und mit Flüssigkeit aufgießen
- Kräuter dazugeben und bei 180 °C ca. 1 Stunde schmoren

Beilage: *mit Polenta oder Röstkartoffeln servieren*

Kriegsgulasch (Katzengschroa)

1 Zwiebel
2 Knoblauchzehen
etwas Öl
1 EL Mehl
1/16 l Essig
1/8 l Wasser oder Suppe
2 Lorbeerblätter
Pfeffer, Salz
etwas Zitronenschale
400 g gekochtes Rindfleisch (Schulternahtl)
400 g gekochte Kartoffeln
Schnittlauch

- würfelig geschnittene Zwiebel anrösten
- mit Mehl stauben
- mit Essig löschen, mit Suppe oder Wasser aufgießen, würzen
- Lorbeerblätter, Zitronenschale, würfelig geschnittenes Fleisch und Kartoffeln dazugeben
- 5 Minuten garen lassen
- mit Schnittlauch servieren

Tipp: *Kartoffeln unzerkleinert mit der Schale garen*

Kalbsschnitzel mit Pilzen

etwas Öl
4 Kalbsschnitzel
Salz, Pfeffer
1 kleine Zwiebel
10 g getrocknete Steinpilze
etwas Mehl
Thymian

- Pilze ca. 10 Minuten in Wasser einweichen
- Schnitzel auf beiden Seiten gut anbraten
- Schnitzel warm stellen
- Zwiebelwürfel anrösten
- ausgedrückte, grob gehackte Pilze dazugeben, mit Thymian würzen
- mit etwas Mehl stauben und mit Pilzwasser aufgießen
- 3 Minuten leicht kochen lassen
- Sauce abschmecken, Schnitzel einlegen und ca. 2 Minuten in der Sauce ziehen lassen

Bauernschöpsernes

1 kg Hammelfleisch (Schulter)
1 Zwiebel
etwas Olivenöl
200 g Gemüsewürfel (Karotten, Porree, Sellerieknolle)
Salz, Pfeffer
2 Knoblauchzehen
Rosmarin, Salbei, Lorbeer
1/2 l Rotwein
1/2 l Gemüsesud oder Wasser
500 g kleine Kartoffeln

- Fleisch und Zwiebel in Würfel schneiden
- in Olivenöl anbraten
- Fleisch würzen
- Lorbeerblatt und Gemüsewürfel dazugeben, alles gut durchrösten
- mit Rotwein löschen
- mit Flüssigkeit aufgießen und zugedeckt ca. 1 Stunde schmoren
- nach 30 Minuten Kartoffelwürfel dazugeben
- Rosmarin, Salbei und Knoblauch fein hacken und dazugeben

Beilage: *frisch geschnittener Krautsalat*

Kräuterforelle

4 Forellen
Saft von 1 Zitrone
Petersilie, Basilikum
Thymian, Oregano
Salz, Pfeffer
1 Knoblauchzehe
1 EL Olivenöl

- für die Kräutermischung Knoblauch, Kräuter fein hacken und mit Salz und Pfeffer mischen
- die ausgenommene Forelle mit der Kräutermischung innen und außen bestreichen
- in Aluminiumfolie einwickeln
- im vorgeheizten Rohr bei 180 °C ca. 30 Minuten garen
- Forelle filetieren, mit Olivenöl beträufeln
- zu Kartoffelbeilagen und Gemüse servieren

Tipp: *Fische säubern, säuern, salzen (3-S-Regel, Reihenfolge beachten)*

Bozner Stockfischgröstel

500 g gekochte Kartoffeln
600 g Stockfisch
1 kleine Zwiebel
etwas Öl
Salz, Pfeffer
2 Lorbeerblätter
1/8 l Sahne
Petersilie

- Fisch ca. 10 Minuten kochen
- entgräten und in Stücke schneiden
- Zwiebelwürfel und Kartoffelscheiben anrösten
- würzen und Fisch unterrühren
- gut durchrösten
- Sahne untermischen und einziehen lassen
- mit Petersilie bestreuen

Tipp: *Fischgerichte nicht aufwärmen, frisch essen*

Völser Kirchtagskrapfen

500 g Weizenmehl
1 Ei
50 g zerlassene Butter
1/4 l Milch, lauwarm
Salz

Fülle:
200 g Kloazen
ca. 1/2 l Wasser
1 EL Zimt
1 Msp. Nelkenpulver
Zitronenschale
1 Schuss Rum
Marmelade nach Geschmack
Erdnussöl

- alle Zutaten zu einem glatten Teig verarbeiten
- 2 Stunden zugedeckt rasten lassen
- dünn auswalken
- die Hälfte des Teiges mit Fülle bestreichen, mit der anderen Hälfte zudecken
- Krapfen ausradeln
- im heißen Öl goldgelb backen

Fülle:

- Kloazen weichkochen
- faschieren, mit den Geschmackszutaten vermischen

Tipp: *Krapfen auf Küchenpapier abtropfen lassen, Fett wird aufgesaugt*

Rhabarbertorte

Teig:
250 g Mehl
100 g Butter
60 g Zucker
1 Ei
1/2 Pkg. Backpulver

Belag:
800 g Rhabarber

Guss:
1/8 l Sahne
1 Dotter
80 g Zucker
1 TL Zimt
50 g geschälte, gemahlene Mandeln

- Mehl mit Butter abbröseln
- restliche Zutaten dazugeben und rasch zusammenkneten
- 1/2 Stunde kühl rasten lassen
- Rhabarber schälen, in Stücke schneiden
- Tortenform mit Teig auslegen
- Rhabarberstücke darauf verteilen
- Torte ca. 20 Minuten bei 180 °C backen
- Guss darüber verteilen, 15 Minuten fertigbacken
- Guss: alle Zutaten vermengen

Tipp: *Mandeln schälen: in kochendes Wasser geben, abschrecken; so lässt sich die Schale leichter entfernen*

Kakaotorte

70 g Butter
50 g Kakao
1 Ei
150 g Zucker
1/4 l Milch
200 g Mehl
2 EL Rum
1 Pkg. Backpulver

- Butter, Zucker, Kakao und Ei zu einer flaumigen Masse rühren
- gesiebtes Mehl mit Milch und Rum vorsichtig unterheben
- in eine befettete und bemehlte Form einfüllen
- im vorgeheizten Rohr bei 180 °C ca. 45 Minuten backen

Variation: *Torte halbieren und mit Sahne oder Marmelade füllen*

Tschöggelberger Krapfen

500 g Weizenmehl
Salz
1 Ei
50 g Butter
ca. 1/4 l lauwarme Milch
1 EL Rum
2 EL Öl
Marillenmarmelade
zum Füllen
Erdnussöl

- alle Zutaten zu einem mittelfesten Teig zusammenkneten
- 1 Stunde rasten lassen
- Teig dünn auswalken
- auf der Hälfte des Teigblattes in regelmäßigen Abständen von ca. 3 cm mit einem Teelöffel Marmelade daraufgeben
- Teigblatt zusammenschlagen
- mit Teigradl Rhomben ausradeln (jeweils zwischen der Fülle)
- im heißen Fett beidseitig hell backen

Tipp: *dem Teig Alkohol zufügen, dadurch wird beim Frittieren weniger Fett aufgesaugt*

Omas Kloazenstrudel

250 g Mehl
50 g Butter
50 g Zucker
1 Dotter
1/8 l Milch
1/2 Pkg. Backpulver

Fülle:
200 g Kloazen
ca. 1/2 l Wasser
1 EL Zimt
1 EL Rum
Schale von 1 Zitrone

1 Ei zum Bestreichen

- Mehl mit Butter abbröseln
- restliche Zutaten rasch einarbeiten
- 1/2 Stunde kühl rasten lassen
- Teig auswalken, mit Fülle bestreichen, einrollen, mit Ei bestreichen
- 1 Stunde bei 180 °C hell backen

Fülle:

- Kloazen weichkochen
- faschieren, mit den Geschmackszutaten vermischen

Tipp: *Blech nicht befetten, Mürbteig enthält genügend Fett*

Pfingstgrungeln

500 g Weizenmehl
etwas Salz
1 Prise Zucker
2 Eier
ca. 1/4 l lauwarme Milch

Fülle:
200 g Mohn
50 g Zucker
20 g Honig
Zimt
Schale von 1/2 Zitrone
Erdnussöl

- Mehl, Salz, Zucker, Eier und Milch verrühren
- für die Fülle alle Zutaten mischen, eventuell etwas Wasser dazugeben (Fülle muss aber fest bleiben)
- von der Fülle nussgroße Kugeln formen, in den Teig tunken
- in heißem Öl frittieren

Bozner Weihnachtszelten

750 g Sultaninen
150 g Datteln
250 g Feigen
100 g Mandeln
100 g Haselnüsse
150 g Walnüsse
60 g Pignoli
1/16 l Rum
1/16 l Brandy
1/2 TL Zimt
1 Msp. Nelkenpulver
Saft und Schale
von 3 Orangen

Brotteig:
100 g Roggenmehl
50 g Weizenmehl
20 g Germ
1/2 TL Zucker
Salz, Kümmel
lauwarmes Wasser

Mandeln, Walnüsse
und kandierte Kirschen
zum Verzieren

- Sultaninen, gehackte Mandeln, Datteln, Feigen, Nüsse, Walnüsse, Pignoli, Zimt, Nelkenpulver, Orangensaft und -schale mischen
- Brandy und Rum dazugeben
- über Nacht zugedeckt stehen lassen
- Früchtemasse mit Brotteig vermischen
- mit feuchten Händen kleine Laibe formen
- mit Mandeln verzieren
- bei 180 °C ca. 40 Minuten backen
- öfters mit Honigwasser bestreichen

Brotteig:

- Dampfl zubereiten
- zuerst die Mehle, dann alle weiteren Zutaten zu einem eher weichen Germteig zusammenkneten
- ca. 40 Minuten gehen lassen

Variation: *anstelle von Brotteig Strudelteig verwenden*

Erdbeerstanitzel

2 Eier
2 Eier schwer Zucker
2 Eier schwer Mehl
1/4 l Sahne
200 g Erdbeeren

- Eier, Zucker und gesiebtes Mehl kurz verrühren
- auf ein Backpapier Kreise aufzeichnen
- Papier aufs Blech geben und die Kreise dünn mit Masse bestreichen
- bei 180 °C hell backen
- sofort vom Blech lösen und heiß zu Stanitzel drehen
- mit steifgeschlagener Sahne und Erdbeeren servieren

Haferflockenbusserln

250 g Haferflocken
120 g Zucker
80 g Butter
50 g gehackte Nüsse
50 g geriebene Schokolade
2 Eier
2 TL Backpulver
2 EL Mehl
1 EL Rum
Saft von 1/2 Zitrone
1 Pkg. Vanillezucker
2 Msp. Zimt

- Butter mit Haferflocken und Zucker abrösten
- auskühlen lassen
- Eier, Zucker, Vanillezucker und Zimt schaumig schlagen
- restliche Zutaten zur Schaummasse geben
- mit 2 Teelöffeln Häufchen auf das befettete Blech setzen
- bei 170 °C hell backen

Gefüllte Niggelan

Teig:
250 g Weizenmehl
ca. 1/8 l lauwarme Milch
15 g Germ
ca. 2 EL Zucker
2 Eidotter
Schale von 1/2 Zitrone
30 g Butter
Salz
1 EL Rum

Fülle:
100 g gemahlener Mohn
100 g Topfen
Honig oder Zucker
nach Geschmack
etwas heiße Milch
ev. 1 Prise Zimt

Erdnussöl zum Backen

- Mehl mit Salz und Zucker vermischen
- Dampfl zubereiten
- Butter zerlassen und dazugeben
- Dotter mit Milch, Zitronenschale und Rum versprudeln, dazugeben
- zu einem mittelfesten Germteig abschlagen
- zugedeckt ca. 30 Minuten gehen lassen
- ca. 1/2 cm dickes Blatt ausrollen
- mit einem runden Keksausstecher Kreise ausstechen
- diese füllen, Ränder mit etwas Eiweiß bepinseln, halbieren und gut zusammendrücken (pitschen)
- im heißen Öl herausbacken

Fülle:

- Milch erhitzen
- Mohn dazugeben und mit den restlichen Zutaten vermischen
- abschmecken

Apfelkiechl

4 Äpfel
Saft von 1 Zitrone
Zimt
120 g Mehl
2 Eier
1 Prise Salz
1/8 l Milch
2 EL Rum
Staubzucker zum Bestreuen
Erdnussöl

- Äpfel schälen, Kerngehäuse ausstechen
- in fingerdicke Scheiben schneiden
- mit Zitronensaft beträufeln und mit Zimt bestreuen
- aus Mehl, Dotter, Salz, Milch, Rum und steifgeschlagenem Eiweiß einen Backteig zubereiten
- Apfelscheiben eintauchen
- in heißem Öl goldgelb backen
- mit Staubzucker bestreuen

Variation: *anstelle von Milch Weißwein verwenden*

Plenten Broater (Buchweizenschmarren)

400 g Buchweizenmehl
Salz
ca. 1/4 l Wasser und Milch
2 Äpfel
etwas Butter

- Mehl mit Salz, Wasser und Milch zu einem flüssigen Teig verrühren
- ca. 2 Stunden rasten lassen
- dabei öfters mit dem Schneebesen umrühren
- gehobelte Äpfel unterrühren
- Butter zerlassen und unter zweimal den Teig herausbacken
- mit Preiselbeermarmelade oder Milch servieren

Kokosecken

100 g Honig
100 g Marzipan
40 g Zucker
1 Pkg. Vanillezucker
1 Dotter
1 EL Rum
50 g Butter
250 g Mehl
1/2 Pkg. Backpulver
2 Eiweiß
50 g Kokosflocken
1 EL Ribisgelee

- einen Rührteig aus Honig, Zucker, Vanillezucker, Dotter, Rum, Butter und Mehl und Backpulver zubereiten
- Masse auf ein befettetes Blech streichen
- bei 175 °C ca. 10 Minuten backen
- Eiweiß leicht verschlagen, Marzipanstücke unterheben, Kokosflocken unterrühren
- vorgebackenen Teig mit Gelee bestreichen
- Marzipan-Kokos-Masse darauf verteilen
- bei 175 °C ca. 20 Minuten backen
- heiß in 3 x 4 cm große Stücke schneiden

Variation: *eine Ecke bis zur Hälfte in Schokoladeglasur tauchen*

Mittwochschnitten

100 g Butter
180 g Zucker
1 Pkg. Vanillezucker
3 Eier
Saft und Schale
von 1 Zitrone
420 g Weizenmehl
1 Pkg. Backpulver
1/8 l Milch

- Mehl mit Backpulver vermischen
- Butter, Zucker und Dotter zu einer flaumigen Masse rühren
- gesiebtes Mehl, Zitronensaft, -schale und Milch vorsichtig unterrühren
- steifgeschlagenes Eiweiß unterheben
- Masse auf ein Blech aufstreichen
- bei 180 °C ca. 30 Minuten backen
- Schnitten schneiden

Sarner Ofenkrapfen

500 g Roggenmehl
80 g Zucker
80 g Butter
2 Eier
20 g Germ
etwas Salz
warme Milch
nach Bedarf
1 TL Kümmel
1 TL Fenchel

Fülle:
80 g gedörrte Birnen
80 g getrocknete
Kastanien
50 g gemahlener Mohn
etwas Zimt,
Nelkenpulver
60 g Zucker

- Mehl mit Salz, Zucker und Gewürzen mischen
- Dampfl bereiten
- mit zerlassener Butter und Milch zu einem festen Germteig verkneten
- zugedeckt gehen lassen
- Rolle formen, Stücke herunterschneiden
- zu 1/2 cm dicken, ovalen Blättern auswalken
- der Länge nach mit Fülle belegen, zusammenklappen und abradeln
- ca. 1/2 Stunde gehen lassen
- bei 180 °C hellbraun backen

Fülle:

- Birnen und Kastanien weichkochen
- passieren, mit Mohn, Zucker und Gewürzen mischen

Roggenkörnerbrot

300 g Roggen-
vollkornmehl
200 g Weizen-
vollkornmehl
150 g gekochte
Roggenkörner
30 g Germ
1/4 l Buttermilch
1 TL Zucker
1 TL Salz

- Dampfl zubereiten
- Mehl und Roggenkörner mischen
- mit lauwarmer Buttermilch und Salz zu einem Brotteig abkneten
- ca. 1 Stunde gehen lassen
- 3 gleich große Laibe formen, etwas flachdrücken
- Laibe mit einer Gabel mehrmals einstechen
- bei 220 °C ca. 30 Minuten backen

Tipp: *Brot backen: hohe Anfangstemperatur (220 °C), dann zurückschalten auf 200 °C*

Osterbrot

300 g Weizen-
vollkornmehl
30 g Germ
20 g Zucker
2 Dotter
30 g Butter
1/8 l Milch
Salz
1 EL Anis

- Dampfl zubereiten
- Mehl mit Salz und Anis mischen
- mit lauwarmer Milch, Dotter, zerlassener Butter zu einem Brotteig abkneten
- 1 Stunde gehen lassen
- Laibe formen und bestreichen
- nochmals gehen lassen
- 50 Minuten bei 200 °C backen

Tipp: *Weizenbrote mit lauwarmem Wasser, Kaffee oder Milch bestreichen, Brote bekommen glatte Kruste*

Holzhackerbrot

350 g Roggen-
vollkornmehl
150 g Weizen-
vollkornmehl
50 g Sauerteig
140 g Haferflocken
30 g Germ
1 TL Zucker
1 TL Salz
ca. 1/4 l Milch
1 TL Kümmel
1 TL Brotklee

- Dampfl zubereiten
- Mehle mit Salz, Kümmel und Brotklee mischen
- mit lauwarmer Milch, Sauerteig und Haferflocken zu einem Brotteig abkneten
- ca. 1 Stunde gehen lassen
- einen Laib formen
- 30 Minuten gehen lassen
- bei 220 °C ca. 1 Stunde backen

Tipp: *Gewürze mahlen bzw. zerstoßen, dadurch entfalten sie ein besseres Aroma*

Malzzuckerlen

1 Tasse frischer Rahm
1 Tasse Zucker
1/2 Tasse Milch
1 EL Honig

- alle Zutaten aufkochen lassen
- Masse solange kochen, bis sie bräunlich wird
- auf ein befettetes Blech gießen und fast erkalten lassen
- in kleine Vierecke schneiden

Variation: *zusätzlich 30 g geriebene Nüsse unterrühren*

Saure Zucchini

2 kg Zucchini
6 Weingläser Öl
4 Weingläser Essig
2 Zwiebeln
30 Basilikumblätter
6 Knoblauchzehen
2 TL Salz

- Zucchini und Zwiebeln in Scheiben schneiden, Basilikum fein hacken
- alle Zutaten ca. 15-20 Minuten garen
- heiß in saubere Gläser füllen
- sofort verschließen

Beerenlikör

1 kg Beeren (Brombeeren, Himbeeren, Schwarzbeeren)
1 l Schnaps
8 Gewürznelken
Zimtrinde
400 g Zucker
1/2 l Wasser

- Beeren und Schnaps ca. 3 Wochen ziehen lassen
- Gewürznelken und Zimtrinde dazugeben
- Zucker und Wasser aufkochen
- auskühlen lassen
- mit dem Beerenlikör mischen
- in Flaschen einfüllen

Orangenpunsch

1 l Schwarztee
2 l Wasser
5 Orangen
2 Zitronen
1 l Weißwein
1 Glas Rum
Zucker nach Bedarf

- kochendes Wasser über Saft und Schale von Orangen und Zitronen gießen
- Tee, Weißwein, Rum und Zucker dazugeben
- im Wasserbad ziehen lassen
- in Flaschen einfüllen

Marillenlikör

500 g Marillen
500 ml Brandy
150 g Kandiszucker
1 Vanilleschote
2 Marillenblätter
1/8 l Wasser
150 g Zucker

- Marillen mit dem Brandy, dem Kandiszucker, Vanilleschote und Marillenblätter ca. 4 Wochen bei Zimmertemperatur stehen lassen
- täglich schütteln
- Likör abseihen
- Wasser mit Zucker aufkochen, abkühlen
- mit dem Marillenlikör mischen

Vinschgau

Der Vinschgau als westlichster Bezirk des Landes beheimatet eine Vielzahl an Kunstdenkmälern, insbesondere aus romanischer und karolingischer Zeit. St. Prokulus in Naturns, St. Benedikt in

Mals und die Fresken in der Krypta des Klosters Marienberg sind, mit vielen anderen, kunsthistorische Schätze aus vergangenen Epochen.

Der obere Vinschgau, wo einst romanische auf alemannische Kultur gestoßen ist, mit seiner typisch romanischen Siedlungsform des Haufen- oder Massendorfes unterscheidet sich deutlich vom unteren Vinschgau, wo die Höfe des Sonnenberges und des Nörderberges dem Tal seinen Siedlungscharakter geben.

Einstmals wegen seiner geografisch günstigen Ost-West-Lage (die Gemeinde Mals hat die meisten Sonnenstunden pro Jahr des Landes) als Kornkammer Südtirols bezeichnet, haben heute andere landwirtschaftliche Kulturformen das Getreide im Vinschgau verdrängt. Gemüseanbau und Obstbau sind heute fast im gesamten Tal vorherrschend. In den raueren Seitentälern produziert die landwirtschaftliche Bevölkerung mit Erfolg Beerenobst, hauptsächlich Erdbeeren und Himbeeren.

Die Vinschgauer Marillen sind landesweit ein Begriff. Natürlich ist es dabei zu den Marillenknödeln nicht weit.

Vinschger Schneemilch und das Melchermuas mit Palabirn sind für die Küche der Talschaft bezeichnend.

Vinschger Brotsuppe

1 kleine Zwiebel
etwas Öl
1 Vinschger Paarlbrot oder 180 g Roggenbrot
2 Eier
Salz, Pfeffer, Petersilie
1 l Fleischsuppe oder Wasser

- würfelig geschnittene Zwiebel anrösten
- würfelig geschnittenes Brot dazugeben und mitrösten
- mit heißer Suppe aufgießen, würzen
- einige Minuten kochen lassen
- Eier in der Suppe gut versprudeln
- Suppe aufteilen und mit gehackter Petersilie bestreuen

Sauerkrautsuppe

1 kleine Zwiebel
etwas Öl
250 g Sauerkraut
1 Lorbeerblatt
2 Wacholderbeeren
1/2 TL Kümmel
Salz, Pfeffer
1 kleine Kartoffel
1 EL saure Sahne
1 l Fleischsuppe

- würfelig geschnittene Zwiebel anrösten
- Sauerkraut dazugeben, mit etwas Suppe aufgießen
- Lorbeerblatt, Wacholderbeeren und Kümmel dazugeben
- ca. 10 Minuten langsam kochen lassen
- rohe Kartoffel in die Suppe reiben, salzen, pfeffern und mit der restlichen Suppe aufgießen
- 5 Minuten kochen lassen
- Sahne unterrühren und servieren

Tipp: *Suppe binden: durch die Stärke der Kartoffel ist kein Mehl mehr notwendig*

Kartoffelnockensuppe

40 g Butter
Salz, Pfeffer
Muskatnuss
120 g passierte Kartoffeln
30 g Mehl
1 Ei
Erdnussöl

- Butter flaumig rühren
- alle übrigen Zutaten dazurühren
- kleine Nocken formen
- in heißem Öl schwimmend herausbacken
- mit Gemüsesud servieren

Tipp: *Gemüsesud: grob geschnittenes Wurzelwerk anrösten, mit Wasser aufgießen, 30 Minuten köcheln lassen*

Knoblauchsuppe

6 Knoblauchzehen
etwas Öl
1 kleine Zwiebel
1/2 EL Mehl
Salz
1 l Fleischsuppe
oder Wasser
2 EL frische,
gemischte Kräuter
1 EL Sahne

- würfelig geschnittene Zwiebel anrösten
- gepresste Knoblauchzehen dazugeben
- mit Mehl stauben, mit etwas Wasser oder Suppe aufgießen, würzen
- 15 Minuten leicht kochen lassen
- restliche Suppe dazugeben, aufkochen lassen
- gehackte Kräuter und Sahne unterrühren

Tipp: *Sahne binden: Suppe mit Sahne nicht mehr aufkochen, ansonsten gerinnt sie*

Kastaniensuppe

300 g getrocknete
Kastanien
150 g getrocknete
Bohnen
Salz
1 Prise Zucker
1 Prise Zimt

- Kastanien und Bohnen getrennt über Nacht einweichen
- Kastanien von der feinen Haut säubern
- alles zusammen ca. 1 1/2 Stunden kochen
- würzen mit Salz, Zucker und Zimt
- Suppe mixen und abschmecken

Erdäpfelsuppe mit Brotwürfeln

1 Zwiebel
etwas Öl
500 g Kartoffeln
Salz, Pfeffer
Majoran
1/16 l Weißwein
30 g Butter
Majoran
1 Semmel

- Zwiebelwürfel anrösten
- Kartoffelwürfel dazugeben, anrösten
- mit Weißwein löschen
- würzen und mit etwas Wasser aufgießen
- dünsten lassen
- Suppe pürieren, aufgießen, aufkochen lassen und abschmecken
- Butter und Majoran unterrühren
- mit gebähten Brotwürfeln servieren

Melchermuas (Rahmmuas) mit Palabirn

1 l Rahm
60-70 g griffiges Roggenmehl
Salz
6-8 Stück Palabirn

- Rahm und Salz aufkochen lassen
- gesiebtes Mehl mit Schneebesen einrühren
- ca. 5 Minuten ständig rühren
- 20-30 Minuten ausdünsten lassen, dabei öfters mit „Stecher" (Muaser) umrühren
- mit Palabirn oder Kompott servieren

Gratinierte Grießnocken

60 g Butter
Salz, Muskatnuss
1 Ei
120 g Grieß
300 g Blattspinat

Bechamelsauce:
1 EL Mehl
30 g Butter
Salz, Pfeffer
Milch nach Bedarf
30 g Parmesan

- Butter, Salz und Muskatnuss flaumig rühren
- Grieß und Ei unterrühren
- mit Kaffeelöffel Nocken formen
- in Salzwasser ca. 25 Minuten kochen
- Auflaufform mit gekochtem und mit Salz und Muskatnuss abgeschmecktem Blattspinat füllen
- Grießnocken daraufsetzen, mit Bechamelsauce übergießen
- ca. 15 Minuten bei 180-220 °C überbacken

Überbackene Spinatschupfnudeln

500 g Kartoffeln
100 g passierter Spinat
150 g Mehl
2 Dotter
Salz, Pfeffer
Muskatnuss

Sauce:
1/4 l Milch
50 g Butter
20 g Mehl
100 g Schinken
Salz, Pfeffer
Muskatnuss

- Kartoffeln dämpfen, passieren
- mit Spinat, Mehl, Dotter, Gewürzen rasch zu einem Teig verarbeiten
- Rolle formen, kleine Stücke herunterschneiden und ca. 3 cm lange Nudeln formen
- ins kochende Salzwasser geben, aufkochen lassen
- abseihen und in eine befettete Auflaufform geben
- mit Sauce übergießen
- im heißen Rohr ca. 20 Minuten überbacken

Bechamelsauce:

- Butter schmelzen, Mehl einrühren, mit heißer Milch aufgießen
- mit Salz, Pfeffer, Muskatnuss würzen
- würfelig geschnittenen Schinken unterrühren

Tipp: *Kartoffelteig: alle Zutaten rasch zusammenkneten, sonst wird der Teig zu weich und lässt sich nicht mehr ausarbeiten*

Kloatzenschlutzkrapfen

Teig:
300 g Mehl
1 Prise Salz
2 Eier
4 EL Wasser

Fülle:
200 g Kloatzen
(gedörrte Birnen)
1/2 l Wasser
1 EL Rum
1 Pkg. Vanillezucker

Mohn zum Bestreuen

- Mehl, Salz, Eier und lauwarmes Wasser zu einem mittelfesten Teig zusammenkneten
- 1/2 Stunde zugedeckt rasten lassen
- dünn austreiben, Scheiben ausstechen
- mit Fülle belegen, zusammenklappen, Rand fest andrücken
- in Salzwasser ca. 10 Minuten leicht kochen lassen
- mit geriebenem Mohn bestreuen

Fülle:

- Birnen mit Wasser weichkochen
- passieren und mit Rum und Vanillezucker abschmecken

Grießmus

30 g Butter
Salz
1 l Milch
80 g Mehl
20 g Grieß
30 g Butter

- Butter schmelzen
- salzen und mit Milch aufgießen
- Mehl und Grieß mit dem Schneebesen einrühren
- aufkochen lassen
- einige Minuten kochen lassen
- etwas auskühlen lassen
- mit zerlassener Butter servieren

Spinat-Reibekuchen

300 g Kartoffeln
40 g Mehl
Salz
3 Eier
etwas Öl

Fülle:
250 g Spinat
Salz, Pfeffer
Muskatnuss
40 g Parmesan
ev. 1 EL Milch

- Kartoffeln schälen und fein reiben
- mit Mehl, Salz und Eiern gut vermengen
- in einer Pfanne Öl erhitzen, etwas Teig hineingeben, mit Gabel dünn austreiben
- umdrehen und mit Spinatfülle belegen, in der Mitte zusammenklappen

Fülle:
- blanchierten Spinat grob hacken
- mit Salz, Pfeffer, Muskatnuss und Parmesan abschmecken

Jägernudeln

350 g Bandnudeln
1 kleine Zwiebel
80 g Speck
150 g Pilze (Steinpilze, Pfifferlinge)
Salz, Pfeffer
Petersilie
Parmesan
3 EL Sahne

- Zwiebel- und Speckwürfel anrösten
- Pilze dazugeben und gut durchrösten
- würzen, mit etwas Wasser aufgießen
- 8 Minuten dünsten
- Nudeln „al dente" kochen
- Nudeln mit Sahne, Pilzsauce und Parmesan vermischen
- mit gehackter Petersilie bestreuen

Buchweizenmus

1 l Wasser
1/2 l Milch
200-250 g Buchweizenmehl
30 g Butter
Salz

- Butter schmelzen, salzen und mit Wasser und Milch aufgießen
- Buchweizenmehl mit dem Schneebesen einrühren
- aufkochen lassen
- ca. 30 Minuten kochen lassen
- etwas auskühlen lassen
- mit Apfelmus oder Apfelkompott servieren

Kartoffelriebel

900 g Kartoffeln
140 g Mehl
2 Eier
Salz
etwas Öl

- Kartoffeln dämpfen, schälen und mit Gabel zerdrücken
- Mehl, Salz und Eier unterrühren
- etwas Öl in der Pfanne erhitzen
- Kartoffelmasse hineingeben
- auf allen Seiten anrösten
- ständig wenden, bis eine krümelige Masse entsteht
- mit Apfelkompott oder Apfelmus servieren

Tipp: *Kartoffeln: mit Schale dämpfen bzw. in wenig Wasser kochen, weniger Verlust an Inhaltsstoffen*

Gemüsegerste

1 Zwiebel
etwas Öl
40 g Karotten
40 g Sellerie
40 g Porree
Salz, Pfeffer
200 g eingeweichte Gerste
1/2 l Wasser oder Gemüsesud
Schnittlauch

- Zwiebelwürfel anrösten
- Gemüsewürfel und Gerste dazugeben
- mit Wasser oder Gemüsesud aufgießen, würzen
- 20 Minuten kochen lassen
- abschmecken und mit Schnittlauch servieren

Tipp: *Gerste einweichen: Garzeit wird herabgesetzt, Quellwasser mitverwenden*

Scheiterhaufen

4 altbackene Semmeln
900 g säuerliche Äpfel (Gravensteiner, Golden Delicious ...)
40 g Zucker
Schale von 1 Zitrone
etwas Zimt
60 g gehackte Walnüsse oder Mandeln
60 g Sultaninen
1/8 l Sahne
1/4 l Milch
4 Eier
60 g Zucker
1 Pkg. Vanillezucker
2 Eiweiß
2 EL Zucker
Butterflöckchen und Butter für die Form

- Semmeln in dünne Scheiben schneiden
- Äpfel blättrig hobeln
- Auflaufform befetten und mit einer Schicht Brotscheiben belegen
- einen Teil der Äpfel daraufgeben, Sultaninen, Nüsse und etwas Zucker darüberstreuen
- mit Zimt und Zitronenschale würzen
- zweite Schicht Brotscheiben einlegen und so fortfahren, bis alle Zutaten aufgebraucht sind
- Eidotter und Zucker sehr schaumig rühren
- Milch und Sahne dazugeben und alles gut verquirlen
- Eiweiß steifschlagen und vorsichtig unter die Dottermasse rühren
- Eiermasse über die Brot-Apfel-Masse gießen, mit Butterflöckchen belegen und bei 180 °C ca. 40 Minuten backen
- Eiweiß mit Zucker zu steifem Schnee schlagen und auf den gebackenen Auflauf streichen
- ca. 7 Minuten im Rohr überbacken

Beilage: *mit Kompott oder Erdbeersauce servieren*

Variation: *süße Birnen verwenden*

Krautnocken

800 g Kartoffeln
1 Dotter
300-350 g Weizen- oder Dinkelmehl
Salz, Muskat

Kraut:
500 g Sauerkraut
1/2 Zwiebel
etwas Öl
Kümmel
1 Knoblauchzehe

- rohe Kartoffeln reiben und etwas Wasser auspressen
- Mehl, Dotter, Salz und Muskat unterrühren
- kleine Nocken formen
- in Salzwasser ca. 15 Minuten ziehen lassen
- Nocken auf Sauerkraut servieren

Kraut:
- würfelig geschnittene Zwiebel anrösten
- Sauerkraut dazugeben und abschmecken

Topfenknödel

60 g Butter
1 Prise Salz
1 Ei
250 g Topfen
130 g Weizenmehl
Butter und Brösel zum Wenden
Petersilie zum Bestreuen

- Butter, Salz und Ei flaumig rühren
- Topfen und gesiebtes Mehl unterrühren
- kleine Knödel formen
- ca. 10-15 Minuten in Salzwasser leise köcheln lassen
- in gerösteten Bröseln wälzen und mit Petersilie bestreuen
- mit Salat oder Gemüse servieren

Variation: *Süße Topfenknödel: in die Mitte der Knödel Zwetschken oder Marillen geben, die Brösel etwas zuckern*

Faschierte Laibchen in Tomatensauce

400 g Faschiertes
1 Ei
60 g Brösel
1/2 kleine Zwiebel
Salz, Pfeffer, Muskatnuss
Majoran, Petersilie
2 EL Parmesan
1 EL Mehl

Tomatensauce:
1 kleine Zwiebel
2 EL Pelati
1 Knoblauchzehe
Salz, Pfeffer
1/8 l Fleischsuppe
oder Wasser
Basilikum, Oregano

- Faschiertes mit Ei, Bröseln, gehackter Zwiebel, Parmesan, Mehl, Gewürzen und Kräutern gut vermengen
- aus der Masse kleine Laibchen formen
- in Tomatensauce ca. 1 Stunde schmoren lassen
- mit Kartoffeln oder Kartoffelpüree servieren

Tomatensauce:

- klein würfelig geschnittene Zwiebel anrösten, Pelati dazugeben
- mit Wasser oder Suppe aufgießen
- mit Salz und Pfeffer würzen
- unter die fertige Tomatensauce die fein gehackten Kräuter rühren

Tipp: *Kräuter: nicht mitkochen, damit Vitamine und Mineralstoffe erhalten bleiben*

Pikante Rehschnitzel

4 Rehschnitzel

Marinade:
1 Weinglas Essig
2 Nelken
3 zerdrückte Wacholderbeeren
3 Pfefferkörner
Thymian
1 kleine Zwiebel

Salz, Pfeffer
etwas Öl
Weinbrand
ev. etwas Mehl

- Marinade aus Essig, Nelken, Wacholderbeeren, Pfefferkörner, Thymian und Zwiebelwürfeln zubereiten
- ca. 15 Minuten kochen lassen
- Rehschnitzel etwa 1 Stunde in die ausgekühlte Marinade legen
- Schnitzel abtrocknen, würzen und auf beiden Seiten gut anbraten
- Schnitzel aus der Pfanne nehmen
- mit Mehl stauben, mit etwas Marinade aufgießen
- mit einigen Tropfen Weinbrand abschmecken
- Sauce zu den Rehschnitzeln servieren

Tipp: *Marinade: macht Fleisch mürbe, kein Salz in die Marinade geben*

Krautgulasch

500 g Schweins- oder Rindsschulter
1 Zwiebel
etwas Öl
Salz, Pfeffer, Kümmel
1 Knoblauchzehe
Paprika
Fleischsuppe oder Wasser
20 g Mehl
250 g Sauerkraut
250 g Kartoffeln

- würfelig geschnittene Zwiebel anrösten, klein geschnittenes Fleisch dazugeben
- gut durchrösten
- mit etwas Suppe oder Wasser aufgießen
- ca. 30 Minuten dünsten lassen, würzen
- mit etwas Mehl binden
- Sauerkraut und Kartoffelwürfel dazugeben
- weitere 30 Minuten dünsten lassen
- abschmecken und servieren

Tipp: *Gulasch salzen: erst nach Hälfte der Garzeit, Fleisch bleibt saftiger*

Kartoffelgulasch

1 Zwiebel
etwas Öl
800 g Kartoffeln
1 Paar Bratwurst
Paprika
1/8 l Rotwein
Salz, Pfeffer
Majoran, Basilikum
1 Knoblauchzehe

- würfelig geschnittene Zwiebel anrösten
- Kartoffelwürfel und Wurstscheiben dazugeben, mit Salz, Pfeffer und Paprika würzen
- mit Rotwein löschen
- mit etwas Wasser aufgießen und ca. 20 Minuten dünsten lassen
- Gulasch abschmecken, fein gehackte Kräuter und gepresste Knoblauchzehe unterrühren
- zu Fastenknödeln servieren

Lebergulasch

1 kleine Zwiebel
50 g Speck
200 g grüne Paprika
400 g Schweinsleber
1/4 l Wasser oder Fleischsuppe
Salz, Pfeffer, Paprika
Petersilie
ev. etwas Mehl

- klein würfelig geschnittene Zwiebel und Speck glasig werden lassen
- Paprikawürfel dazugeben
- mit Wasser oder Suppe aufgießen, würzen mit Salz, Pfeffer und Paprika
- 20 Minuten bei schwacher Hitze dünsten lassen
- grob würfelig geschnittene Leber anrösten, stauben, etwas aufgießen
- Leberwürfel zum Gemüse geben, abschmecken und 5 Minuten ziehen lassen
- fein gehackte Petersilie unterrühren und zu Kartoffeln servieren

Tipp: *Speck glasig werden lassen: ohne Fett in der Pfanne, da Speck ausreichend Fett enthält*

Gerollter Senfbraten

1 kg Schweinsschopf
Salz, Pfeffer
80 g mittelscharfer Senf
etwas Öl
1 Zwiebel
4 Gewürznelken
1/4 l Weißwein
ev. 1 EL Mehl
Petersilie

- Fleisch mit Salz und Pfeffer würzen
- auf allen Seiten gut anbraten, mit Wein löschen
- mit Senf bestreichen
- mit etwas Wasser oder Suppe aufgießen
- Zwiebelwürfel, Nelken hinzufügen
- im vorgeheizten Rohr ca. 1/4 Stunden garen lassen
- dabei öfters mit heißer Flüssigkeit begießen und wenden
- Sauce passieren, mit Mehl binden, gehackte Petersilie unterrühren
- Braten aufschneiden und mit Reis oder Knödel und Gemüse servieren

Tipp: *Senf erst nach dem Anbraten aufstreichen, ansonsten wird Fleisch bitter*

Schnalser Bauernbratl

1 kg Schaffleisch
(Schlögel, Schulter)
Salz, Pfeffer
Neugewürz
1 Knoblauchzehe
1 Zwiebel
Rosmarin, Majoran
1/8 l Rotwein
800 g Kartoffeln

- Fleisch mit Salz, Pfeffer und Neugewürz würzen
- in einer Bratpfanne auf allen Seiten gut anbraten
- mit Rotwein löschen
- Knoblauch, Zwiebelstücke und Kräuter dazugeben
- ca. 1 Stunde im Rohr braten
- eventuell mit heißem Wasser oder Suppe aufgießen
- zum Schluss Sauce abseihen, eventuell mit etwas Mehl binden
- die letzten 20 Minuten die Kartoffelwürfel dazugeben

Tipp: *Schaffleisch sehr heiß servieren, Fett erstarrt schnell*

Gebackene Kalbsleber

400 g Kalbsleber
80 g Brösel
1 Ei
2 EL Milch
3-4 El Mehl
Salz
Erdnussöl

- Leber in 4 Scheiben schneiden
- Ei mit Milch verrühren
- Leberscheiben in Mehl, dann in Ei und Brösel wälzen
- Leberscheiben in heißem Öl herausbacken
- salzen und mit Salat servieren

Tipp: *Leber salzen: erst am Ende des Garprozesses, ansonsten wird sie hart*

Birnentaschen

Teig:
300 g Weizenmehl
250 g Topfen
200 g Butter
1 Prise Salz
1/2 Pkg. Backpulver

Fülle:
2-3 Stück Birnen
40 g gehackte Walnüsse
Saft und Schale
von 1/2 Zitrone
1 Pkg. Vanillezucker
2-3 EL Zucker
1 Msp. Zimt

1 Dotter zum Bestreichen
Staubzucker zum
Bestreuen

- Weizenmehl mit Topfen, Butter, Salz und Backpulver zu einem glatten Teig verarbeiten
- Teig 30 Minuten kühl rasten lassen

Fülle:

- geraspelte Birnen mit Walnüssen, Zucker, Zimt, Zitronensaft und -schale abschmecken
- Teig dünn ausrollen, Quadrate von 10 x 10 cm ausschneiden, in die Mitte Fülle geben
- jedes Quadrat zu einem Dreieck zusammenklappen und die Ränder gut zusammendrücken
- Birnentaschen mit verquirltem Dotter bestreichen und im vorgeheizten Rohr bei 190 °C ca. 18 Minuten backen
- auskühlen lassen und mit Staubzucker bestreuen

Vinschger Schneemilch

500 g fein geschnittenes Weißbrot
lauwarme Milch
1 EL Rum
Zimt
40 g Sultaninen
40 g Walnüsse
1/8 l Rahm

- Brot mit lauwarmer Milch und Rum tränken
- 1/2 Stunde ziehen lassen
- gehackte Walnüsse, Zimt, Sultaninen unterrühren
- steifgeschlagenen Rahm vorsichtig unterheben
- in Gläser füllen und kalt stellen

Apfel-Mandel-Torte

250 g Butter
150 g Zucker
4 Eier
50 g geriebene Schokolade
1 TL Zimt
150 g Mandeln
3 EL Rum
4 Äpfel
250 g Mehl
1 Pkg. Backpulver

- Butter, Zucker, Dotter, Zimt flaumig rühren
- geriebene Mandeln, Schokolade und Rum unterrühren
- Eiweiß steifschlagen und mit dem gesiebten Mehl-Backpulver-Gemisch vorsichtig unterheben
- zum Schluss die Apfelwürfel unterheben
- in eine befettete und bemehlte Tortenform füllen
- bei 180 °C ca. 50-60 Minuten backen

Tipp: *Butter: muss Zimmertemperatur haben, um sie flaumig zu rühren*

Apfeltaschen

250 g Topfen
250 g Mehl
250 g Butter
1 Pkg. Backpulver

Fülle:
3 Äpfel
1 EL Brösel
1 EL gehackte Nüsse
1 EL Rum
Zitronenschale
ev. Zucker
1 Msp. Zimt

- alle Zutaten zu einem glatten Teig verarbeiten
- 1/2 Stunde rasten lassen
- Teig auswalken
- rund ausstechen, mit Fülle belegen
- Ränder zusammenschlagen
- mit Dotter bestreichen
- bei 190 °C ca. 30 Minuten backen

Fülle:

- Äpfel kleinwürfelig schneiden, mit den restlichen Zutaten gut vermischen

Variation: *anstelle von Äpfeln Birnen verwenden*

Vinschger Kastanienkrapfen

500 g Mehl
2 Dotter
1 Ei
5 EL Sahne
60 g zerlassene Butter
etwas Milch
2 EL Öl
etwas Rum
Zitronensaft und -schale
1 Prise Salz

Fülle:
500 g gebratene Kastanien
Milch, Honig
1 EL Zucker
50 g Mohnzucker (ersatzweise Kristallzucker)
1 EL Rum
Erdnussöl

- alle Teigzutaten zu einem glatten, geschmeidigen Teig zusammenkneten
- Teig zu 2 Rechtecken dünn auswalken
- auf einem Rechteck Fülle darauflegen
- das zweite Rechteck daraufsetzen
- Krapfen ausradeln
- im heißen Fett schwimmend herausbacken

Fülle:

- geschälte Kastanien in Honigmilch weichdünsten
- mit der flotten Lotte passieren und mit Mohnzucker, Zucker und Rum abschmecken

Schwarzpolentatorte

250 g Butter
120 g Zucker
6 Eier
200 g Mandeln
250 g Schwarz-polentamehl
1 Pkg. Backpulver
250 g Preiselbeer-marmelade

- Butter, Zucker und Dotter flaumig rühren
- Eiweiß steifschlagen
- das mit Backpulver versiebte Mehl, geriebene Mandeln mit dem steifgeschlagenen Eiweiß unter die flaumige Masse rühren
- Masse in eine befettete, bemehlte Tortenform füllen
- bei 180 °C ca. 45 Minuten backen
- erkalten lassen
- halbieren und mit Preiselbeermarmelade füllen

Preiselbeertorte

250 g Butter
5 EL Honig
3 Eier
150 g Nüsse
350 g Weizen-vollkornmehl
1 Pkg. Backpulver
Schale von 1 Zitrone
Zimt
3-4 EL Milch
Preiselbeer- oder Johan-nisbeermarmelade

- Butter, Honig, Zimt, Zitronenschale und Eier flaumig rühren
- Mehl, vermischt mit Backpulver, Milch und geriebene Nüsse vorsichtig unter die flaumige Masse rühren
- 2/3 der Masse in eine Tortenform geben
- mit Marmelade bestreichen
- mit restlichem Teig Gitter aufspritzen
- im vorgeheizten Rohr bei 200 °C 40 Minuten backen

Variation: *Masse aufs Blech streichen, Schnitten schneiden*

Nussschnecken

450 g Mehl
30 g Germ
1 Prise Salz
80 g Butter
80 g Zucker
1/4 l lauwarme Milch
2 Dotter
Zitronenschale

Fülle:
100 g grob
gehackte Nüsse
50 g Rosinen
1 TL Zimt

100 g Marillen-
marmelade
Fett für das Blech

- Mehl mit Salz mischen
- Dampfl zubereiten
- zerlassene Butter, Zucker, Milch, Dotter, Zitronenschale, Dampfl zum Mehl geben
- zu einem Germteig abschlagen
- gehen lassen
- Teig zu einem Rechteck auswalken
- mit Marmelade bestreichen
- mit Fülle belegen
- Teig von der Längsseite her einrollen
- 2 cm dicke Scheiben herunterschneiden
- bei 180 °C ca. 20 Minuten backen

Schneetorte

7 Eiweiß
250 g Zucker
140 g Mehl
80 g zerlassene Butter
1 Msp. Backpulver
1 Pkg. Vanillezucker

- Eiweiß zu steifem Schnee schlagen, Zucker und Vanillezucker einrühren
- zerlassene, abgekühlte Butter abwechselnd mit dem gesiebten Mehl untermischen
- bei 180 °C ca. 50 Minuten backen

Tipp: *Garprobe: Mit Holzstäbchen einstechen, bleiben keine Teigreste hängen, ist der Kuchen fertig*

Marillenkuchen

180 g Butter
220 g Zucker
1 Pkg. Vanillezucker
5 Eier
Saft und Schale
von 1 Zitrone
400 g Mehl
1 Pkg. Backpulver
900 g Marillenhälften
30 g geschälte Mandeln
Butter und Mehl
für das Blech

- Butter, Zucker, Vanillezucker und Dotter flaumig rühren
- Eiweiß steifschlagen
- Zitronensaft und -schale dazugeben
- gesiebtes Mehl mit Backpulver und Eiweiß abwechselnd unter den Abtrieb heben
- auf das vorbereitete Blech streichen
- mit Marillenhälften und Mandeln belegen
- im vorgeheizten Rohr bei 180 °C ca. 40 Minuten backen

Variation: *Zwetschken anstelle von Marillen verwenden*

Schnalser Torte

50 g Butter
300 g Zucker
2 Eier
Zitronenschale
3 EL Kakao
4 EL Milch
400 g Mehl
1 Msp. Backpulver
Butter und Mehl
für die Form

- Butter, Zucker, Dotter, Zitronenschale flaumig rühren
- Eiweiß steifschlagen und mit dem gesiebten Kakao und der Milch unter die flaumige Masse rühren
- das gesiebte Backpulver mit dem Mehl vorsichtig unterheben
- Masse in eine befettete, bemehlte Tortenform füllen
- bei 180 °C ca. 50 Minuten backen

Tipp: *Eiweiß steifschlagen: etwas Zitronensaft zufügen, saubere Rührstäbe verwenden*

Vinschger Apfelkrapfen

Teig:
370 g Weizenmehl
125 g Roggenmehl
50 g zerlassene Butter
60 ml Milch
1 Eidotter
125 ml Rahm
1 EL Schnaps
Salz

Fülle:
1 kg Äpfel
125 g geriebene Hasel- oder Walnüsse
75 g Sultaninen
ca. 40-50 g Zucker
60 ml Weißwein
ev. Brösel zum Binden

Erdnussöl zum Backen

- alle Zutaten mischen und zu einem glatten Teig zusammenkneten
- Teig 30 Minuten rasten lassen
- für die Fülle Zucker karamellisieren, mit Weißwein löschen
- geraspelte Äpfel, Nüsse und Sultaninen dazugeben
- Fülle abschmecken und eventuell mit Bröseln binden
- Teig halbieren, dünn auswalken
- in regelmäßigen Abständen Fülle daraufgeben
- zweites Teigblatt darübergeben und viereckige Krapfen ausradeln
- schwimmend in heißem Öl herausbacken

Marillen-Nuss-Kuchen

180 g Butter
160 g Zucker
4 Eier
1 TL Zimt
1 Msp. Nelkenpulver
300 g Mehl
3 gestrichene TL Backpulver
80 g Walnüsse
80 g Marillen
Butter und Mehl für die Form

- Butter, Zucker und Dotter flaumig rühren
- das mit den Gewürzen und Backpulver vermischte Mehl einarbeiten
- Eiweiß steifschlagen und mit den grob gehackten Nüssen und Marillen unter den Abtrieb heben
- Masse in vorbereitete Kastenform füllen
- bei 180 °C ca. 60 Minuten backen

Müslibrot

600 g Weizen-
vollkornmehl
100 g Walnüsse
80 g Sultaninen
40 g Germ
Salz
1 TL Zimt
300 ml Wasser
1/8 l Milch
30 g Butter

- Mehl mit Salz und Gewürzen mischen
- Dampfl bereiten
- mit zerlassener Butter, lauwarmer Milch und Wasser, gehackten Walnüssen und Sultaninen zu einem Brotteig abkneten
- ca. 1 Stunde gehen lassen
- Laibe ausformen
- mit Wasser oder Kaffee bestreichen, einstechen
- noch einmal kurz gehen lassen
- bei ca. 250 °C (unterste Schiene) 20 Minuten backen
- auf 190 °C zurückschalten und fertigbacken

Tipp: *Brot backen: Gefäß mit Wasser zur Dampfentwicklung ins Rohr stellen*

Milchbrötchen

500 g Weizen-
vollkornmehl
30 g Germ
1 TL Zucker
3/8 l lauwarme Milch
1 TL Salz
80 g Haselnüsse
Ei zum Bestreichen

- Mehl mit Salz und gemahlenen Nüssen mischen
- Dampfl bereiten
- mit lauwarmer Milch zu einem Brotteig abkneten
- ca. 1 Stunde gehen lassen
- 2 Rollen formen, 12 gleichmäßige Stücke herunterschneiden
- runde Brötchen formen
- auf befettetes Blech setzen
- 20 Minuten zugedeckt gehen lassen
- mit verquirltem Ei bestreichen
- bei 200 °C 20-25 Minuten backen

Roggen-Dinkel-Brot

400 g Roggenmehl
150 g Dinkelvollkornmehl
40 g Germ
1 TL Zucker
25 g Kümmel
Salz
ca. 1/2 l Buttermilch
oder Milch
lauwarmes Wasser
zum Bestreichen

- Roggen- und Dinkelvollkornmehl mischen, Grube machen und den Germ hineinbröckeln
- etwas lauwarme Buttermilch und Zucker dazugeben und glattrühren
- Dampfl zugedeckt an einem warmen Ort ca. 15 Minuten gehen lassen
- Salz, zerstoßenen Kümmel und restliche lauwarme Buttermilch dazugeben
- Teig gut durchkneten und zugedeckt ca. 1 1/2 Stunden gehen lassen
- Rolle formen und ca. 12 kleine, gleich große Laibchen formen
- Brote etwas flach drücken und mit lauwarmem Wasser bestreichen
- bei 200 °C ca. 20-25 Minuten backen

Tipp: *Brötchen auf ein Gitter geben, mit einem nassen Geschirrtuch zudecken und auskühlen lassen. Brötchen lassen sich gut einfrieren.*

Tipp: *dazu schmeckt phantastisch ein gemischter Räucherteller: 2 Stück Kaminwurzen in schräge, dünne Scheiben schneiden; 12 dünne Speckscheiben und 12 Scheiben Rindsgeselchtes auf Platten anrichten und mit frisch gerissenem Kren und dem Roggendinkelbrot servieren*

Ribis-Marillen-Marmelade

600 g rote Ribis
500 g Marillen
300 g Gelierzucker

- Ribis und Marillenstückchen gut vermischen
- ca. 10 Minuten kochen lassen
- Zucker unterrühren
- aufkochen lassen
- in Gläser füllen und gut verschließen

Quittenmarmelade

1 kg Quitten
1/8 l Weißwein
1/4 l Wasser
Saft von 1 Zitrone
300 g Zucker

- Quitten mit Tuch abreiben und vierteln
- mit Wasser, Weißwein und Zitronensaft zum Kochen bringen
- weichkochen
- passieren
- mit ca. 300 g Zucker verrühren
- aufkochen
- in heiße Gläser füllen und gut verschließen

Tipp: *Marmelade: bei sauren Früchten (Grantn, Ribis) ist kein Gelierzucker notwendig*

Alpenrosenhonig

1 kg Alpenrosen-Blüten
1 l Wasser
1 kg Zucker
1 Zitrone

- Blüten und Wasser ca. 20 Minuten kochen
- durch ein Tuch abseihen
- Zucker, Zitronenscheiben hinzufügen
- 2 Stunden langsam kochen lassen
- in Gläser einfüllen, gut verschließen

Orangensirup

3 l Wasser
5 unbehandelte Orangen
2 kg Zucker
3 g Zitronensäure

- Wasser aufkochen und abkühlen
- Orangenschale abreiben, Saft auspressen
- alle Zutaten zum Wasser geben, gut umrühren
- 2 Tage stehen lassen
- in Flaschen füllen
- kühl aufbewahren

Variation: *Zitronen für Zitronensirup nehmen, oder halb Orangen - halb Zitronen*

Kümmelschnaps

3/4 l Obstler
100 g Kümmel
120 g Zucker

- getrockneten Kümmel mahlen
- mit Zucker und Schnaps mischen
- in Flaschen füllen
- ca. 3 Wochen bei gleichmäßiger Wärme stehen lassen
- dann kühl stellen und öfters schütteln

Basilikumschnaps

1 l Schnaps
40 Basilikumblätter
400 g Zucker
Schale von 2 Zitronen

- alle Zutaten gut vermischen
- in Flaschen füllen
- 3-4 Wochen an der Sonne stehen lassen

1994
Orangensirup

Meran - Burggrafenamt

Aufgrund klimatischer Vorzüge mit stark mediterranen Einflüssen ist die Stadt Meran, welche bis 1420 Landeshauptstadt von Tirol gewesen ist, noch vor der Wende zum 20. Jahrhundert zu einem Kurort von Weltrang herangewachsen.

Die vielen Parks und Spazierwege in und um Meran geben mit ihrer Pflanzenvielfalt der Stadt einen einmaligen südländischen Charakter. Palmen, Zypressen, Olivenbäume, Kastanienhaine, Wintergärten und so manch seltsames Gewächs zeugen von einem großen Potenzial der Natur.

Während sich in der Stadt und ihrer nahen Umgebung, bedingt durch den Fremdenverkehr, eine recht vielfältige und abwechslungsreiche Kost durchgesetzt hat, finden wir in den Tälern des Burggrafenamtes auch heute noch recht einfache Gerichte. Die Grundzutaten dafür kommen vielfach aus der eigenen Produktion.

Butternockensuppe

70 g Butter
2 Eier
Salz, Pfeffer
Muskatnuss
90 g Mehl
1 l Fleischsuppe
oder Gemüsesud

- Butter, Gewürze und Dotter flaumig rühren
- Eiweiß steifschlagen und vorsichtig mit dem Mehl unterheben
- mit Kaffeelöffel Nocken formen
- im kochenden Salzwasser ca. 15 Minuten leicht kochen lassen
- in der Suppe servieren

Variation: *gemischte, gehackte Kräuter unterrühren*

Frittatensuppe

120 g Mehl
1 Ei
Salz
1/4 l Milch
etwas Öl
1 l Rindsuppe

- Mehl, Salz und Milch glattrühren
- Ei dazugeben
- Pfanne mit etwas Öl erhitzen
- etwas Teig in die Pfanne geben
- dünne Omeletten backen
- zusammenrollen und in dünne Nudeln (2 mm breit) schneiden
- als Einlage in die Suppe geben

Variation: *verschiedene Kräuter in den Teig geben*

Jägersuppe

1/2 Zwiebel
60 g Speckwürfel
350 g Pilze
etwas Mehl
1 l Fleischsuppe
Salz, Pfeffer
1/8 l Sahne
Petersilie

- Zwiebel- und Speckwürfel anrösten
- klein geschnittene Pilze hinzufügen
- mit Mehl stauben
- mit Fleischsuppe aufgießen
- ca. 20 Minuten leicht kochen lassen
- abschmecken
- Sahne unterrühren und mit gehackter Petersilie servieren

Tipp: *Speck ist fettreich, deshalb kein Öl zum Anrösten verwenden*

Milchsuppe

30 g Butter
1 l Milch
Salz
40 g Weizenmehl
wenig Wasser

- Mehl mit Wasser mischen und „Friggelen“ machen
- Butter schmelzen, Milch dazugeben, aufkochen lassen, salzen
- Friggelen in die kochende Milch geben
- aufkochen und ca. 3 Minuten kochen lassen

Variation: *Schwarzpolentamehl anstelle von Weizenmehl verwenden*

Kürbiscremesuppe

1 kleine Zwiebel
500 g Kürbisfleisch
150 g mehlige Kartoffeln
Salz, Pfeffer aus der Mühle
Weißwein zum Löschen
Wasser oder Gemüsesud zum Aufgießen
100 ml Sahne

- Zwiebel schälen, würfelig schneiden und kurz anrösten
- Kartoffel- und Kürbiswürfel dazugeben und mit Weißwein löschen
- mit Flüssigkeit aufgießen, würzen und weichkochen
- Suppe pürieren, Sahne dazugeben und aufmixen

Variation: *Ronen, Bärlauch, Sauerampfer, Sellerieknolle oder frische Kräuter verwenden*

Sauerampfersuppe

1 kleine Zwiebel
etwas Öl
1 EL Mehl
1 Knoblauchzehe
Salz, Pfeffer
80 g Sauerampfer
3 EL Rahm

- würfelig geschnittene Zwiebel etwas anrösten
- mit Mehl stauben, mit Wasser aufgießen
- mit Salz, Pfeffer und gehacktem Knoblauch würzen
- ca. 15 Minuten leicht kochen lassen
- fein gehackten Sauerampfer unter die Suppe rühren
- ca. 3 Minuten leicht köcheln lassen
- Rahm unterrühren, Suppe abschmecken und servieren

Tipp: *Köcheln: leichtes, gleichmäßiges Kochen bei schwacher Hitze*

Zucchinisuppe

1 kleine Zwiebel
300 g Zucchini
100 g Kartoffeln
etwas Öl
Salz, Pfeffer
40 g Parmesan
Petersilie

- würfelig geschnittene Zwiebel in etwas Öl anrösten
- Kartoffel- und Zucchiniwürfel dazugeben
- mit 1/4 l Wasser aufgießen
- mit Salz und Pfeffer würzen
- ca. 30 Minuten dünsten lassen
- Suppe mit Mixstab oder Schneebesen pürieren
- Wasser dazugeben, 5 Minuten kochen lassen
- Petersilie und Parmesan unterrühren

Variation: *Reis oder kleine Nudeln mitkochen*

Schneidnudel

400 g Weizenmehl
3 Eier
Salz
lauwarmes Wasser
80 g Butter
1/8 l Sahne
Schnittlauch

- Mehl, Eier, Salz und Wasser zu einem glatten Teig zusammenkneten
- Teig dünn auswalken
- Nudeln schneiden
- Butter in der Auflaufform schmelzen
- Nudeln dazugeben
- im Rohr bei 180 °C backen
- mit der Gabel wenden
- Sahne darübergießen und ca. 10 Minuten gratinieren
- mit Schnittlauch servieren

Tipp: *Gratinieren: Überbacken bei starker Oberhitze, soll goldgelbe Kruste bilden*

Schupfnudel

200 g Roggenmehl
200 g Weizenmehl
2 Eier
Salz
ca. 1/4 l kaltes Wasser
200 ml Sahne

- Mehl, Eier, Salz und Wasser zu einem festen Teig zusammenkneten
- ca. 4 cm große Nudeln formen
- in einer Pfanne Sahne erhitzen
- Nudeln dazugeben
- ca. 20 Minuten garen, dabei öfters umrühren

Brennnessel-Topfen-Nocken

250 g Topfen
2 Eier
40 g Weizenmehl
60 g Brösel
Salz, Muskat
100 g blanchierte, passierte Brennnessel
Butter und Parmesan zum Bestreuen

- alle Zutaten vermengen
- 15 Minuten stehen lassen
- Nocken formen
- ca. 20 Minuten in Salzwasser leicht kochen lassen
- mit zerlassener Butter und Parmesan servieren

Tipp: *Blanchieren: Gemüse mit heißem Wasser übergießen, es wird dadurch vorgegart*

Kastaniennocken

250 g Weizenmehl
2 Eier
ca. 1/8 l Milch
1 Prise Salz
250 g Kastanien
Zucker und Zimt zum Bestreuen
40 g Butter

- Mehl, Eier, Salz und Milch verrühren
- mit Löffel Nocken ins kochende Salzwasser einlegen und einige Minuten ziehen lassen
- abseihen und mit gekochten, passierten Kastanien bestreuen
- mit Zucker, Zimt und zerlassener Butter servieren

Schmalznocken

250 g Weizenmehl
250 g griffiges Mehl
60 g Zucker
70 g Knödelbrot
1/2 Pkg. Backpulver
50 g Sultaninen
Salz
2 Eier
etwas Butter

- alle Zutaten zu einem Knödelteig verarbeiten
- Nocken formen
- Butter in einer Pfanne schmelzen
- Nocken hineingeben
- zugedeckt ca. 1 Stunde garen lassen

Rahmnocken

200 g Knödelbrot
1/4 l Milch
150 g Weizenmehl
3 Eier
Salz, Schnittlauch
150 ml Rahm
50 g Parmesan

- Brot mit lauwarmer Milch übergießen
- ziehen lassen
- Mehl, Eier, Salz und Schnittlauch untermengen
- mit dem Löffel kleine Nocken formen
- ca. 15 Minuten im Salzwasser kochen
- Rahm erhitzen
- Nocken darin schwenken und mit Parmesan bestreuen

Polenta mit Pfifferlingen

200 g Polentamehl
1 l Wasser
Salz
300 g Pfifferlinge
1/2 Zwiebel
1 EL Mehl
Salz, Pfeffer
Petersilie
1 EL Sahne

- Wasser aufkochen
- Polentamehl einrühren, aufkochen und ca. 45 Minuten ausquellen lassen
- für die Pilzsauce würfelig geschnittene Zwiebel anrösten
- blättrig geschnittene Pfifferlinge dazugeben
- mit Mehl stauben und würzen
- mit Wasser aufgießen und ca. 20 Minuten dünsten lassen
- mit Petersilie und Sahne abschmecken und zur Polenta reichen

Tipp: *die Sauce kann auch mit Steinpilzen zubereitet werden*

Variation: *Süße Variante: Polenta mit Marillenmarmelade bestreichen und mit zerlassener Butter abschmecken*

Hackplenten

1 l Wasser
Salz
300 g feines
Schwarzpolentamehl
200 ml Sahne
1 EL Weizenmehl
Salz, Muskat
Schnittlauch

- Schwarzpolentamehl in kochendes Salzwasser einrühren
- ca. 20 Minuten ausdünsten lassen
- gekochte Polenta auf befettetem Blech auskühlen lassen
- in kleine Würfel schneiden
- Sahne, Salz, Muskat und Mehl verrühren
- 15 Minuten unter Rühren kochen lassen
- Polentawürfel einlegen
- mit Schnittlauch bestreuen

Tipp: *Kräuter: vitamin- und mineralstoffreich, deshalb möglichst nicht mitkochen*

Schwarzbeerlaibchen

1/2 kg Schwarzbeeren
3 Eier
60 g Mehl
Salz
1 Pkg. Vanillezucker
Butter für die Pfanne
Zucker

- Schwarzbeeren, Eier, Vanillezucker, Salz und Mehl verrühren
- in einer Pfanne Butter erhitzen
- Schwarzbeermasse mit Löffel in die Pfanne geben, kleine Laibchen formen, goldgelb backen
- mit Zucker bestreuen und mit Milch servieren

Variation: *anstelle von Schwarzbeeren Äpfel verwenden*

Erdäpfelnudel im Reindl

500 g Kartoffeln
4 Eier
50 g Butter
Salz
200 g Weizenmehl
1/4 l Milch
100 g Zucker

- Kartoffeln dämpfen, schälen und heiß pressen
- 2 Dotter, Salz, Butter und Mehl dazukneten
- Nudeln formen
- die Nudeln in ein befettetes Reindl schichten
- Milch, Zucker, Eier und restliches Eiweiß verrühren
- über die Nudeln gießen
- bei 200 °C ca. 40 Minuten überbacken
- mit Kompott oder Preiselbeermarmelade servieren

Tipp: *Dämpfen: Garen im Wasserdampf mit Siebeinsatz*

Gekochte Kalbszunge mit Tomaten-Kapern-Sauce

1 Kalbszunge (ca. 800 g)
Salz
2 EL Essig
Petersilie
1 Karotte
1 Sellerieknolle
Pfefferkörner
1 Lorbeerblatt
1 kleine Zwiebel
1/4 l Pelati
1 EL Kapern
1 TL Sardellenpaste
Basilikum

- Wasser mit Essig, Petersilie, Karotte, Sellerieknolle, Pfefferkörnern, Lorbeerblatt und Zwiebel zum Kochen bringen
- Zunge hineinlegen, salzen
- ca. 90 Minuten leicht kochen lassen
- Pelati mit 3 Esslöffeln Sud, fein gehackten Kapern und Sardellenpaste ca. 15 Minuten kochen lassen
- mit fein gehacktem Basilikum abschmecken
- Zunge enthäuten und in 1/2 cm dicke Scheiben schneiden
- mit Tomatensauce und Petersilkartoffeln servieren

Maccheroni mit Lammragout

400 g Maccheroni
etwas Öl
1 kleine Zwiebel
60 g Karotten
40 g Sellerie
1 Knoblauchzehe
Weißwein
Salz, Pfeffer
Kräuter (Thymian, Petersilie, Rosmarin, Salbei)
100 g Lammschulter
2 EL Sahne

- würfelig geschnittenes Gemüse anrösten
- Fleischwürfel dazugeben, gut durchrösten
- mit Wein löschen, aufgießen und ca. 50 Minuten leicht köcheln lassen
- mit Gewürzen und fein gehackten Kräutern abschmecken
- Sahne unterrühren
- die gekochten Maccheroni mit dem Lammragout vermischen

Eingemachtes Kalbfleisch

500 g Kalbfleisch
1 Zwiebel
etwas Öl
1 EL Mehl
1/2 l Rindsuppe
Zitronenschale
2 Lorbeerblätter
Salz, Pfeffer
Saft von 1/2 Zitrone

- Zwiebelwürfel anrösten
- Fleisch in mittelgroße Würfel schneiden und gut mitrösten
- mit Mehl stauben
- mit Suppe aufgießen, würzen, Lorbeerblätter und Zitronenschale beifügen
- weichdünsten lassen
- mit Zitronensaft abschmecken
- zu Fastenknödel oder Polenta servieren

Tipp: *zum Dünsten sind besonders Brust und Schulter geeignet*

Saure Kalbszunge

1 kleine Kalbszunge (ca. 600 g)
1/2 Zwiebel
1 Selleriestange
1 Lorbeerblatt
3 Pfefferkörner

Marinade:
2 EL Essig
2 EL Samenöl
2 EL Olivenöl
4 EL Fleischsuppe
1 EL fein geschnittener Schnittlauch
Salz, Pfeffer aus der Mühle

- Zwiebelschale, Selleriestange, Lorbeerblatt und Pfefferkörner ins kochende Salzwasser geben
- Kalbszunge einlegen und schwach wallend ca. 90 Minuten weichkochen
- für die Marinade alle Zutaten vermischen
- Kalbszunge aus dem Sud nehmen und die Haut unter fließendem, kaltem Wasser mit den Fingern abziehen
- Zunge in Scheiben schneiden, mit Marinade überziehen und lauwarm servieren

Beilage: *eingelegte Pilze, Brunnenkresse oder Kürbissalat*

Gekochtes Rindfleisch mit Kräutersauce

800 g Rindfleisch (Schulter, Hals)
1 Zwiebel
40 g Karotten
60 g Sellerieknolle
40 g Porree
Salz, Pfefferkörner
Petersilie

Sauce:
1 Dotter
1/16 l Öl
Salz, Pfeffer
Senf
1 Schuss Essig
2 EL Naturjoghurt
3 Essiggurken
1 TL Kapern
Petersilie, Schnittlauch

- für die Fleischsuppe Zwiebel mit der Schale halbieren und mit der Schnittfläche nach unten in einem breiten Topf bräunen
- Karotte und Sellerieknolle dazugeben, mit Wasser aufgießen
- aufkochen lassen, Fleisch, Gewürze, Petersilie und Porree hinzufügen
- ca. 2 Stunden langsam dahinköcheln lassen
- Fleisch quer zur Faser schneiden
- mit Sauce und Kartoffeln servieren

Sauce:
- aus Dotter, Senf, Salz, Pfeffer, Essig und Öl eine Mayonnaise bereiten
- mit Joghurt strecken und fein gehackte Gurken, Kapern und Kräuter unterrühren

Tipp: *Suppe nur leicht kochen lassen, ansonsten wird sie trüb und das Fleisch wird trocken*

Kalbsvögelen mit Polenta

4 Kalbsschnitzel à 60 g
Salz, Pfeffer
2 Schinkenblätter
4 dünne Käsescheiben
8 Spinatblätter
Petersilie, Oregano
1/16 l Weißwein
1/2 EL Mehl
2 EL Sahne

- Schnitzel würzen
- mit blanchiertem Spinat, Schinken und Käse belegen
- mit fein gehackten Kräutern bestreuen
- fest einrollen, mit Zahnstochern fixieren
- in der heißen Pfanne von allen Seiten gut anbraten
- mit Weißwein löschen
- stauben, aufgießen und zugedeckt 10 Minuten garen lassen
- Sahne unterrühren und mit Polenta servieren

Tipp: *Schnitzel: Fleisch erst kurz vor Zubereitung salzen, sonst wird es trocken*

Fleischstrudel

250 g Mehl
2 gestrichene TL Backpulver
200 g Butter
250 g Topfen
Salz, Muskat

Fülle:
400 g Faschiertes
2 Eier
Salz, Pfeffer
Majoran, Petersilie
1 kleine Zwiebel
1 Knoblauchzehe
1 EL Mehl
Ei zum Bestreichen

- alle trockenen Teigzutaten mischen
- Butter abbröseln
- mit Topfen rasch zu einem Mürbteig verarbeiten
- ca. 30 Minuten kühl rasten lassen
- für die Fülle Zwiebelwürfel anrösten
- Faschiertes gut durchrösten, mit den Gewürzen abschmecken
- Mehl unterrühren
- Masse abkühlen, Eier unterrühren
- 2 Teigblätter auswalken
- mit Fleischfülle belegen
- einrollen, mit Ei bestreichen
- bei 180 °C ca. 30 Minuten backen
- mit Gemüse servieren

Schinkenfleckerl-Auflauf

Teig:
250 g Weizenmehl
2 Eier
etwas Salz
lauwarmes Wasser
80 g Butter
3 Eier
1/8 l Sahne
200 g Schinken
1 EL Majoran
Salz, Pfeffer aus der Mühle

Bechamel:
1/2 l Milch
30 g Butter
30 g Mehl
Salz
1 Prise Muskatnuss
30 g Parmesan

- aus Mehl, Eiern, Salz und etwas lauwarmem Wasser einen Nudelteig zubereiten
- Teig kühl rasten
- dünn auswalken und in 2 cm große, quadratische Fleckerl schneiden
- in kochendem Salzwasser ca. 2 Minuten kochen, abschrecken und auf einem Tuch auskühlen
- Butter flaumig rühren, Gewürze und Eidotter dazurühren
- Schinken in kleine Würfel schneiden
- Bechamelsauce zubereiten und mit Salz, Muskatnuss und Parmesan würzen
- Sauce, Majoran, Schinken, Buttermasse, Nudeln und Sahne vermengen und abschmecken
- Eiweiß steifschlagen und unterheben
- in eine feuerfeste Form füllen, glattstreichen und mit Parmesan bestreuen
- im Rohr bei 170 °C ca. 20 Minuten überbacken

Bauernblutwurst

150 g Schweinsfilz
150 g Netzfett
1 kleiner Kohlrabi
200 g Karotten
250 g Weißkraut
150 g Rübenkraut
150 g Sellerieknolle
10 g Petersilie
20 g Salz
5 Knoblauchzehen
2 große Zwiebeln
1 l Schweinsblut
1/8 l Sahne
Salz, weißer Pfeffer
Neugewürz
Schale von 1 Zitrone
Schweinsdarm
zum Füllen

- Schweinsfilz und Netzfett mittelfein faschieren
- in einer Pfanne zerlassen, bis sich Grammeln bilden
- fein faschiertes Gemüse dazugeben, salzen und 5 Minuten mitrösten
- kaltgerührtes Blut in einen Topf seihen
- Sahne mit den übrigen Gewürzen dazurühren
- abgekühltes Gemüse unterrühren
- sauberen, weiten Schweinsdarm am Ende abbinden
- Füllung in den Darm geben, die letzten 5 cm frei lassen, da sich die Fülle beim Kochen ausdehnt
- Blutwurst ca. 1 Stunde ziehen lassen
- mit Sauerkraut und Salzkartoffeln servieren

Tipp: *Ziehen lassen: Garen unter 100 °C für empfindliche Speisen (wie z.B. Knödel, Würste etc.)*

Reh- oder Gamsschlegel

1 kg Reh- oder Gamsschlegel
Salz, Pfefferkörner
Wacholderbeeren
1 Zwiebel
1 Tomate
80 g Karotten
80 g Sellerieknolle
Petersilie
etwas Fleischsuppe
1 EL Mehl
1 EL Sahne
1 EL Kapern
Schale von 1/2 Zitrone
etwas Weinkraut
Rosmarin, Salbei
Preiselbeersaft
60 g Zucchini
Salz, Petersilie

- Schlegel salzen und von allen Seiten gut anbraten
- Wurzelwerk, Pfefferkörner und Wacholderbeeren und Gemüse dazugeben
- 1 3/4 – 2 Stunden braten
- Zitronenschale, Weinkraut, Rosmarin, Salbei, Kapern beifügen und mit Suppe aufgießen
- Sauce ca. 10 Minuten kochen lassen
- Sauce passieren und mit Sahne und Preiselbeersaft abschmecken
- mit Semmelknödeln, Nudeln, Gemüse servieren

Tipp: *Fleisch mit 2 Löffeln wenden, niemals mit Gabel anstechen (Fleischsaft läuft aus, Fleisch wird trocken)*

Fischfilet mit Gemüse

4 Fischfilets à 80 g
(Kabeljau, Schwertfisch)
1 Zitrone
Salz
etwas Öl
1/6 l Weißwein
60 g Karotten
40 g Porree
60 g Zucchini
Salz, Petersilie

- vorbereitete Filets in der heißen Pfanne anbraten
- mit Weißwein löschen
- Gemüse in sehr feine Streifen schneiden
- zum Fisch geben, zugedeckt ca. 8 Minuten dünsten lassen
- mit Petersilie bestreuen und mit Polenta servieren

Tipp: *3-S-Regel: Säubern: Fisch mit kaltem Wasser waschen – Säuern: mit Zitronensaft, Fischfleisch wird fester, Geruch wird gebunden – Salzen: unmittelbar vor dem Garen, da Salz dem Fisch Wasser entzieht*

Tante Rosas Apfelkuchen

280 g Weizenmehl
1/2 Pkg. Backpulver
80 g Zucker
70 g Butter
1 Ei
1 EL Milch
einige Brösel

Belag:
750 g Äpfel
1/8 l Sahne
1 Pkg. Vanillezucker
80 g Zucker
1 Dotter
etwas Zimt

- alle trockenen Zutaten mischen
- Butter abbröseln
- mit Ei und Milch rasch zu einem Mürbteig verarbeiten
- ca. 1/2 Stunde kühl rasten lassen
- runde Kuchenform mit Teig auslegen
- mit Bröseln bestreuen und mit Apfelspalten dicht belegen
- für den Guss Sahne, Zucker, Dotter und Zimt versprudeln
- über die Äpfel gießen
- bei 180 °C 45 Minuten backen

Tipp: *Mürbteig immer anstechen, sonst bildet er Blasen*

Dorf Tiroler

4 Eiweiß
150 g Zucker
150 g geraspelte Schokolade
250 g gehackte Mandeln
1 Pkg. Vanillezucker
Saft von 1 Zitrone

- Eiweiß mit Zucker, Vanillezucker und Zitronensaft steifschlagen
- Schokolade und Mandeln vorsichtig unterheben
- auf ein befettetes Blech kleine Häufchen setzen
- 1 Stunde trocknen lassen
- bei 180 °C ca. 10 Minuten ins Rohr schieben

Bratäpfel

4 Äpfel (Boskop, Golden)
40 g Mandeln
20 g Brösel
20 g Sultaninen
1 EL Marmelade
Zimt, Nelkenpulver
20 g Butter

- Äpfel waschen und Kerngehäuse ausstechen
- für die Fülle gehackte Mandeln, Brösel, Sultaninen, Marmelade, Zimt und Nelkenpulver verrühren
- in die Äpfel einfüllen
- auf befettetes Blech setzen, mit Butterflocken belegen
- bei 180 °C ca. 30 Minuten braten
- eventuell mit Vanillesauce servieren

Variation: *anstelle von Äpfeln Birnen verwenden*

Zitronenkuchen

1/4 l Sahne
100 g Zucker
250 g Mehl
3 Eier
1 Pkg. Backpulver
Saft und Schale
von 1 Zitrone

Belag:
80 g Butter
80 g Zucker
100 g grob
gemahlene Nüsse
3 EL Mehl
Schale von 1 Zitrone

- Sahne mit Zucker fast steifschlagen
- Eier, gesiebtes Mehl und Backpulver, Zitronenschale und Zitronensaft vorsichtig unterheben
- aufs befettete Blech streichen
- bei 180 °C ca. 10-15 Minuten vorbacken
- für den Belag geschmolzene Butter mit Zucker, Nüssen, Mehl und Zitronenschale verrühren
- Masse auf vorgebackenen Kuchen streichen
- bei 180 °C goldbraun backen

Äpfel mit Vanillecreme

4 Äpfel (Golden, Kanada)
1/4 l Weißwein
Saft von 1/2 Zitrone
1 Zimtrinde
60 g Preiselbeer-marmelade
2 Eidotter
80 g Staubzucker
1 Pkg. Vanillezucker
1/8 l Rahm
Schokoladepulver

- Äpfel schälen, Kerngehäuse herausstechen
- in Weißwein mit Zimtrinde und Zitronensaft kernig weichdünsten
- Apfelloch mit Marmelade füllen
- Eidotter mit Zucker und Vanillezucker schaumig rühren
- steifgeschlagenen Rahm unter die Schaummasse heben
- über die Äpfel geben
- mit Schokoladepulver bestreuen

Variation: *anstelle der Äpfel Birnen oder Pfirsiche verwenden*

Preiselbeer-Topfenknödel

250 g Topfen
50 g Mehl
10 g Grieß
1 Ei
1 Prise Salz
etwas Preiselbeer-marmelade
Butter und Brösel zum Wälzen

- Topfen, Mehl, Grieß, Ei und Salz miteinander vermischen
- aus der Masse kleine Knödel formen und in die Mitte etwas Marmelade geben
- Knödel in kochendes Salzwasser legen und ca. 15 Minuten leicht kochen
- in zerlassener Butter und Bröseln wälzen

Ultner Mohnkrapfen

500 g Weizenmehl
150 g Roggenmehl
150 g Butter
2 Dotter
1/8 l Milch
ev. Wasser

Fülle:
400 g geriebener Mohn
ca. 200 g Zucker
1 Prise Zimt
1 Msp. Nelkenpulver
Zitronenschale
2 EL Rum

Erdnussöl

- alle Zutaten zu einem nicht zu weichen Teig zusammenkneten
- ca. 1 Stunde zugedeckt rasten lassen
- für die Fülle alle Zutaten vermischen
- Teig auswalken, mit Fülle belegen, andere Teighälfte darüberklappen
- Ränder gut zusammendrücken, Krapfen ausradeln
- in heißem Öl herausbacken

Mandeltorte

200 g Zucker
8 Dotter
1 Ei
70 g Brösel
1 EL Weizenmehl
1 TL Zimt
200 g geriebene Mandeln
1 EL Rum
8 Eiweiß

- Zucker, Dotter und Ei sehr schaumig rühren
- Brösel, Mehl, Zimt, Mandeln und Rum unterheben
- steifgeschlagenes Eiweiß vorsichtig unterheben
- in befetteter Tortenform bei 180 °C ca. 50 Minuten backen
- eventuell mit Sahne füllen

Topfen-Früchte-Kuchen

100 g Butter
1 Ei
100 g Honig
100 g Topfen
200 g Weizenmehl
1 Pkg. Backpulver
Obst (Äpfel, Marillen, Zwetschken) zum Belegen
Zimt

- Butter, Honig und Ei flaumig rühren
- Topfen und gesiebtes Mehl vorsichtig unter die flaumige Masse rühren
- Masse fingerdick auf ein befettetes Blech streichen
- vorbereitetes Obst darauf verteilen
- bei 180 °C ca. 20 Minuten backen
- noch heiß mit Zimt bestreuen

Haselnusskranz

300 g Weizenmehl
2 TL Backpulver
100 g Zucker
1 Pkg. Vanillezucker
1 Ei
2 EL Milch
100 g Butter

Fülle:
150 g Nüsse
80 g Zucker
1/2 Dotter
1 Eiweiß
3-4 EL Wasser
Schale von 1/2 Zitrone
1/2 Dotter
1 EL Milch

- Mehl und Backpulver mit Butter abbröseln
- mit Zucker, Vanillezucker, Ei und Milch rasch zu einem Teig zusammenkneten
- ca. 1/2 Stunde kühl rasten lassen
- gemahlene Nüsse mit Zucker, Dotter, Eiweiß, Wasser und Zitronenschale gut vermischen
- Teig zu einem Rechteck auswalken
- Fülle gleichmäßig darauf verteilen
- einrollen, zu einem Kranz formen
- mit verquirltem Dotter und Milch bestreichen
- mit Schere einschneiden
- bei 180 °C ca. 45 Minuten backen

Falsche Linzertorte

250 g Mehl
250 g gekochte, passierte Kartoffeln
100 g Zucker
50 g Butter
1 Ei
1 Pkg. Backpulver
250 g Preiselbeermarmelade
1-2 El Milch

- Mehl mit Butter abbröseln
- alle übrigen Zutaten dazugeben
- rasch zusammenkneten
- 1/2 Stunde kühl rasten lassen
- 3/4 vom Teig in Tortenform geben, mit Preiselbeermarmelade bestreichen
- unter den restlichen Teig etwas Milch einarbeiten
- Gitter auf Marmelade aufspritzen
- im vorgeheizten Rohr bei 180 °C ca. 40 Minuten backen

Lebkuchenkekse

400 g Roggenmehl
200 g Staubzucker
100 g geriebene Mandeln
2 Eier
60 g Honig
Zimt, Nelkenpulver, Neugewürz (jeweils ein gestrichener TL)
1/2 TL Natron in 5 EL lauwarmer Milch aufgelöst
Ei zum Bestreichen
Mandelhälften zum Belegen

- alle Zutaten zu einem glatten Teig verarbeiten
- zugedeckt über Nacht im Kühlschrank rasten lassen
- Teig auswalken
- verschiedene Formen ausstechen
- mit verquirltem Ei bestreichen mit Mandelhälften belegen
- ca. 10-15 Minuten bei 180 °C backen

Tipp: *Natron nie mit Butter mischen – Seifengeschmack*

Marillenschnitten

250 g Butter
150 g Zucker
1 Pkg. Vanillezucker
4 Eier
400 g Mehl
1 Pkg. Backpulver
Milch nach Bedarf
400 g Marillenmarmelade
1 EL Rum
100 g gehobelte Mandeln

- Butter und Zucker flaumig rühren
- Eier nach und nach unterrühren
- Mehl und Backpulver mischen und unter den Abtrieb heben
- bei Bedarf etwas Milch unterrühren
- Teig fingerdick aufs Backblech streichen
- mit Marmelade und Rum bestreichen, mit Mandeln bestreuen
- bei 190 °C backen
- erkalten lassen und in Schnitten schneiden

Variation: *anstelle von Marillenmarmelade andere Fruchtmarmelade verwenden*

Faschingsscherben

80 g Butter
40 g Zucker
2 Eier
1 Dotter
1/16 l Weißwein
3 EL Rum oder Schnaps
500 g Mehl
Erdnussöl
Staubzucker zum Bestreuen

- Butter, Zucker, Dotter und Eier flaumig rühren
- Alkohol und Mehl untermengen
- Teig ca. 3 mm dick auswalken
- Rauten von 6 cm Länge ausschneiden
- im heißen Öl goldgelb backen
- mit Staubzucker bestreuen

Karottentorte

6 Eier
200 g Zucker
250 g Nüsse
300 g Karotten
6 EL warmes Wasser
150 g Mehl
1 Pkg. Backpulver

- Eier, Wasser und Zucker im Wasserbad schaumig rühren
- Masse kaltrühren
- geriebene Karotten und Nüsse mit dem gesiebten Mehl und Backpulver vorsichtig unter die Schaummasse heben
- bei 180 °C ca. 50-60 Minuten backen

Tipp: *Wasserbad: Topf mit Wasser zum Kochen bringen, Schüssel mit Zutaten hineinstellen – Wasser darf nicht mehr kochen*

Knusperbrötchen

500 g Weizen-
vollkornmehl
40 g Germ
1 Prise Salz
50 g Honig
300 ml Buttermilch
50 g Butter
70 g Sultaninen
70 g gehackte Walnüsse
70 g gehackte Mandeln

- Mehl mit Salz mischen
- Dampfl zubereiten
- Butter schmelzen und mit dem Dampfl, dem Honig, den Sultaninen, Walnüssen, Mandeln und der Buttermilch zum Mehl geben
- zu einem mittelfesten Germteig abschlagen
- zugedeckt gehen lassen
- Rolle formen und ca. 16 Teigstücke abschneiden
- Teigstücke rundwirken
- mit dem Verschluss nach unten aufs befettete Blech setzen
- mit der Schere einschneiden
- gehen lassen
- bei 180 °C ca. 20 Minuten backen

Anisbrot

400 g Roggenmehl
100 g Roggen-
vollkornmehl
40 g Germ
ca. 1/4 l lauwarme Milch
1 Prise Zucker
1 TL Salz
3 TL gemahlener Anis
1 TL Anis

- Mehle mit Salz mischen
- Dampfl zubereiten
- mit lauwarmer Milch und Gewürzen zu einem mittelfesten Germteig abschlagen
- 30 Minuten gehen lassen
- 2 Weggen formen
- mit Sägemesser quer einschneiden
- 15 Minuten gehen lassen
- bei 200 °C ca. 25 Minuten backen

Hausbrot

500 g gemischtes Mehl (Weizen-, Roggen- und Dinkelvollkornmehl)
2 TL Salz
1 TL Zucker
1 Handvoll Kümmel, Anis und Fenchel (gemischt)
1 Handvoll Sonnenblumenkerne
25 g Germ
1/2 l Buttermilch, Joghurt oder Milch

- Mehle mischen, Grube machen und den Germ hineinbröckeln
- etwas lauwarme Flüssigkeit und Zucker dazugeben und glattrühren
- Dampfl zugedeckt an einem warmen Ort ca. 15 Minuten gehen lassen
- Salz, zerstoßene Gewürze, Sonnenblumenkerne und restliche lauwarme Flüssigkeit dazugeben
- zu einem mittelfesten Germteig abschlagen
- zugedeckt an einem warmen Ort gehen lassen
- 2 Laibe oder kleine Brötchen formen und diese auf ein befettetes Blech setzen
- mit lauwarmem Wasser bestreichen
- im vorgeheizten Rohr bei 180 °C knusprig braun backen

Holundersirup

3 l Wasser
1,5 kg Zucker
50 g Zitronensäure
5 Zitronen
ca. 25 Holunderblüten

- Wasser mit Zucker aufkochen und abkühlen lassen
- mit Zitronenscheiben, Säure und Blüten vermischen
- 3-4 Tage an der Sonne stehen lassen
- abseihen und in Flaschen füllen

Hollergelee

500 g Holunderbeeren
200 g reife Birnen
Saft von 1 Zitrone
500 g Gelierzucker

- Holunderbeeren verlesen, waschen und abtropfen lassen
- Birnen schälen und in kleine Stücke schneiden
- Früchte mischen und weichkochen
- mit Mixstab pürieren
- Zucker und Zitronensaft unterrühren
- 6 Minuten sprudelnd kochen lassen
- heiß in Gläser füllen und gut verschließen

Holundersekt

6 l Wasser
20 Stk. Holunderblüten
2 kg Zucker
4 Zitronen
1/4 l Weinessig

- Wasser mit Zucker aufkochen und abkühlen lassen
- mit Zitronenscheiben, Weinessig, Holunderblüten vermischen
- 3-4 Tage an der Sonne stehen lassen
- abseihen und in Flaschen füllen

Nusslikör

8 grüne Walnüsse
2 Sternanis
1 Zimtstange
1/2 TL Nelken
1 l Schnaps
250 g Zucker
3/8 l Wasser

- Walnüsse waschen, trockenreiben, in Scheiben schneiden
- Nussscheiben, Sternanis, Zimtstange in eine Flasche füllen
- Schnaps dazugießen, mit Klarsichtfolie verschließen
- 6-8 Wochen an einen sonnigen Platz stellen
- Liköransatz abseihen
- Zucker und Wasser aufkochen
- lauwarm mit dem Likör mischen
- mit halber Menge Sherry oder Madeirawein mischen

Schwarzbeerschnaps

2 l Treberschnaps
600 g Schwarzbeeren
16 Stk. Mohnzuckerlen

- Mohnzuckerlen aufschneiden
- Zutaten auf 3 Flaschen aufteilen
- für 3 Wochen in die Sonne stellen
- danach eventuell Schwarzbeeren abseihen und Flaschen mit Schnaps im Keller für einige Monate lagern

Knoblauch in Öl

300 g Knoblauchzehen
2 EL Salz
1 Prise Zucker
1/8 l Essig
2 Lorbeerblätter
2 Rosmarinzweige
1/4 l Olivenöl

- geschälte Knoblauchzehen in einem Sud aus 1/2 l Wasser, Essig, Salz und eine Prise Zucker 5 Minuten kochen
- Knoblauchzehen ausbreiten und trocknen lassen
- Knoblauchzehen, Lorbeerblätter und Rosmarinzweige in ein Glas schichten
- Olivenöl darübergießen, verschließen, Glas schütteln
- kühl aufbewahren

Eisacktal, Gröden und Wipptal

Sterzing, die alte Knappenstadt, Brixen, die Bischofsstadt, und Klausen mit dem Kloster Säben sind kultur- und kunsthistorische Zentren entlang der Brennerlinie im Eisacktal.

Ein einmaliges kunsthistorisches Juwel ist in den Arkaden des Brixner

Kreuzganges erhalten. Dort spiegelt sich in einem umfassenden Freskenzyklus die Entwicklung der gotischen Wandmalerei wider.

Geografisch gesehen ein Nord-Süd-Tal, hat das Eisacktal verschiedene Kleinklimazonen, welche unterschiedliche Produktionsbedingungen darstellen.

Bis etwa in die Gegend von Brixen reicht der Weinbau, weiter nördlich finden wir hauptsächlich Milchviehhaltung als landwirtschaftliche Produktionsquelle.

Der Süden des Eisacktales ist landschaftlich zudem von den Edelkastanienbäumen geprägt. Beim Törggelen im Herbst, einem beliebten Brauch, wird der neue Wein verkostet.

Dazu bietet die Eisacktaler Küche das Geselchte mit Kraut und Knödel. Süße Krapfen und die gebratenen Kastanien bilden den kulinarischen Abschluss.

Grießnockensuppe

100 g Butter
2 Eier
Salz, Muskatnuss
200 g Grieß
1 l Fleischsuppe
oder Gemüsesud
Schnittlauch

- Butter flaumig rühren, mit Salz und Muskatnuss würzen
- nach und nach die Eier dazurühren
- Weizengrieß untermischen
- mit Esslöffel Nocken formen
- im Salzwasser ca. 25 Minuten ziehen lassen
- mit Schnittlauch in der Suppe servieren

Milchsuppe

30 g Butter
120 g Weizenmehl
oder 80 g
Weizenvollkornmehl
etwas Wasser
1 1/2 l Milch
Salz

- Butter schmelzen und Mehl einrühren
- mit kaltem Wasser und Milch aufgießen
- dabei ständig mit dem Schneebesen rühren
- Suppe aufkochen lassen
- 2 Minuten kochen lassen, abschmecken und servieren

Speckknödelsuppe

400 g Weißbrot
150 g Speck
3 Eier
etwa 1/8 l Milch
Salz, Pfeffer
Petersilie
1 1/2 EL Mehl
1 l Fleischsuppe
oder Gemüsesud
Schnittlauch

- würfelig geschnittenes Brot und Speckwürfel mit den übrigen Zutaten gut vermengen
- Masse etwas anziehen lassen
- Mehl unterrühren, kleine Knödel formen
- in der Fleischsuppe bzw. im Gemüsesud ca. 15 Minuten ziehen lassen
- mit Schnittlauch servieren

Gerstsuppe

100 g geräucherter Speck
100 g Gerste
200 g Selchfleisch
60 g Karotten
40 g Porree
60 g Kartoffeln
40 g Sellerie
Salz, Pfeffer
Schnittlauch

- würfelig geschnittenen Speck anrösten
- Gerste dazugeben, mit ca. 2 l Wasser auffüllen
- aufkochen lassen
- Selchfleisch beifügen
- 2 Stunden kochen lassen
- 20 Minuten vor Ende der Garzeit kleinwürfelig geschnittenes Gemüse dazugeben
- Suppe abschmecken, Fleisch in kleine Stücke schneiden und wieder in die Suppe geben
- Suppe aufteilen und mit gehacktem Schnittlauch bestreuen

Tipp: *Fleisch in kochendes Wasser geben, Außenschicht schließt sich, Fleischsaft enthält wertvolle Vitamine, Minerale und Eiweißstoffe*

Wasserfriggelensuppe

200 g Weizenmehl
1 Ei
Salz
etwas Wasser
1 l Fleischsuppe
oder Gemüsesud
1 kleine Zwiebel
etwas Öl

- Mehl, Ei, Salz und etwas Wasser abbröseln
- in die kochende Suppe geben
- mit Schneebesen verrühren
- einige Minuten kochen lassen
- würfelig geschnittene Zwiebel anrösten und über die Suppe geben

Schwarzpolentasuppe

1/2 Zwiebel
20 g Porree
30 g Karotten
etwas Olivenöl
1 l Gemüsesud
oder Wasser
100 g geröstete
Schwarzpolentakörner
1/2 Knoblauchzehe
Salz, Pfeffer aus
der Mühle
50 ml Sahne
1 Eidotter
50 ml Sahne, geschlagen
1 TL fein geschnittener
Schnittlauch

- Gemüse in Würfel schneiden und in Öl etwas anschwitzen
- den größten Teil der Körner dazugeben und mit heißer Flüssigkeit aufgießen
- Suppe kochen, bis Körner weich sind
- im Mixer mit dem Knoblauch pürieren und würzen
- Eidotter und Sahne verrühren und in die Suppe einrühren (Suppe darf nicht mehr kochen), mit Salz und frischem Pfeffer abschmecken
- Suppe mit geschlagener Sahne, Schnittlauch und restlichen gerösteten Körnern servieren

Tipp: *Suppe erst zum Schluss salzen*

Brennsuppe

70 g Butter
70 g Mehl
Salz, Lorbeerblatt
1 l Wasser
1 Semmel

- Butter schmelzen, Mehl hineinsieben
- mit Schneebesen gut verrühren
- Wasser und Lorbeerblatt dazugeben, salzen
- 30 Minuten kochen lassen
- abschmecken und mit Brotwürfeln servieren

Variation: *1 Ei hineinschlagen, aufkochen lassen*

Pfifferlinggröstel

500 g Pfifferlinge
1 kleine Zwiebel
etwas Öl
Salz, Pfeffer
1 Knoblauchzehe
etwas Weißwein
1/8 l Fleischsuppe
700 g gekochte Kartoffeln
3 EL Sahne
Petersilie

- Zwiebelwürfel anrösten
- grob gehackte Pfifferlinge dazugeben
- sobald der Saft eingekocht ist, mit Weißwein löschen
- gehackten Knoblauch, Salz und Pfeffer beifügen
- in Scheiben geschnittene Kartoffeln dazugeben
- mit etwas Suppe aufgießen und dünsten
- vor dem Servieren mit Sahne und Petersilie verfeinern

Tipp: *Tiefkühlpilze: ohne Auftauzeit weiterverwenden*

Schwarzpolentamus

250 g Schwarzpolentamehl
100 g Weizenmehl
1 l Milch
1/2 l Wasser
Salz
50 g zerlassene Butter

- Milch, Wasser, Salz zum Kochen bringen
- das vermischte Mehl mit dem Schneebesen einrühren
- 30 Minuten langsam kochen lassen, dabei ständig rühren
- Mus etwas abkühlen lassen
- mit zerlassener Butter abschmelzen

Ronenknödel

300 g Weißbrot
2 Eier
1/8 l Milch
2 mittlere gekochte Ronen
2 EL Öl
Salz, Pfeffer
Petersilie
zerlassene Butter
Parmesan

- würfelig geschnittenes Brot mit klein geschnittenen Ronen und Öl fein pürieren
- Eier und Milch unterrühren, mit Salz, Pfeffer und Petersilie würzen
- kleine Knödel formen
- 10 Minuten in Salzwasser ziehen lassen
- mit Butter und Parmesan servieren

Ronenkuchen

Teig:
250 g Mehl
80 g Butter
10 ml Wasser
Salz

Fülle:
1 kleine Zwiebel
3 mittlere Ronen
80 g Speck
2 Eier
1/2 l Milch
Salz, Pfeffer

- Mehl und Butter abbröseln, Salz und Wasser dazugeben
- zu einem Teig kneten
- 30 Minuten rasten lassen
- würfelig geschnittene Zwiebel und Speck glasig werden lassen
- gekochte, in Streifen geschnittene Ronen hinzufügen
- mit Salz und Pfeffer würzen
- Tortenform mit Teig auslegen
- Ronenmasse einfüllen, mit gewürztem Eier-Milch-Gemisch übergießen
- im vorgeheizten Rohr bei 180 °C ca. 30-40 Minuten überbacken

Variation: *Porree anstelle von Ronen verwenden*

Schalderer Krapfen

350 g Roggenmehl
150 g Weizenmehl
1 Ei
2 EL Öl
2 mittlere, gekochte Kartoffeln
Salz
Milch nach Bedarf

Fülle:
300 g gekochte Kartoffeln
70 g Topfen
1/2 kleine Zwiebel
etwas Öl
Salz, Pfeffer
Muskatnuss
Schnittlauch
ev. etwas Milch

Erdnussöl

- Mehl mit Ei, Öl, Salz, passierten Kartoffeln zu einem mittelfesten Teig verarbeiten
- Teig dünn auswalken, rund ausstechen, mit Fülle belegen
- zusammenklappen und Ränder fest andrücken
- Krapfen herausbacken und heiß servieren

Fülle:

- Kartoffeln und Topfen durch die Kartoffelpresse drücken
- Zwiebelwürfel anrösten und mit den übrigen Zutaten gut vermengen

Schwarzpolentariebel

200 g grobes Schwarzpolentamehl
250 ml Milch
2-3 Eier
1 Prise Salz
etwas Butter
Zucker zum Bestreuen
3-4 Äpfel (Boskop, Kanada, Renette ...)

- Schwarzpolenta in die Milch einrühren und ca. 1 Stunde quellen lassen
- Eier und Salz einrühren
- Äpfel in kleine Würfel schneiden
- Butter schmelzen, Teig dazugeben und etwas anbacken
- Teig wenden und mit einer Spachtel in kleine Stücke stechen
- Teig unter ständigem Umrühren zerstechen und rösten, bis lauter kleine Stückchen entstanden sind
- Äpfel dazugeben und fertig backen
- mit Zucker bestreuen und servieren

Beilage: *Zwetschkenkompott oder Apfelmus*

Nudelroast

500 g Nudeln (Maccheroni)
etwas Öl
1 kleine Zwiebel
2 Eier
Salz, Pfeffer
Schnittlauch

- Nudeln in Salzwasser kernig weichkochen
- Zwiebelwürfel anrösten
- Nudeln dazugeben und goldgelb rösten
- Eier mit Salz, Pfeffer und Schnittlauch verquirlen
- Eiermilch darübergießen und stocken lassen
- mit Salat servieren

Tipp: *Nudeln kochen: für 100 g Nudeln 1 Liter Wasser*

Apfelschmarren

150 g Schwarz-polentamehl
50 g Weizenmehl
2 Eier
Salz
ca. 3/8 l Milch
2 Äpfel (Boskop, Kanada, Renette)
etwas Öl
Zucker zum Bestreuen

- Mehl, Milch und Salz zu einem eher festen Teig verrühren
- Eier unterrühren
- Öl erhitzen
- einen Teil des Teiges eingießen
- mit Apfelwürfeln bestreuen
- beidseitig goldgelb backen
- in Stücke reißen, mit Zucker bestreuen

Tipp: *damit beim Omlettenteig keine Klumpen entstehen, zuerst Mehl mit Milch verrühren, dann erst Eier unterrühren*

Spinatkrapfen

500 g gedämpfte Kartoffeln
1 Dotter
Salz, Pfeffer
20 g Germ
1 Prise Zucker
1/16 l Milch
150 g Weizenmehl
150 g Roggenmehl

Fülle:
50 g blanchierter Spinat
50 g Topfen
Salz, Pfeffer
Muskatnuss
30 g geriebener Parmesan

Erdnussöl

- gepresste Kartoffeln mit Dotter, Salz und Pfeffer mischen
- aus Germ, Zucker und Milch Dampfl zubereiten
- Dampfl und Mehl unter die Kartoffelmasse kneten
- Teig gehen lassen
- Teig auswalken, rund ausstechen
- Spinatfülle daraufsetzen, Teig zusammenschlagen, Ränder gut andrücken
- Krapfen gehen lassen
- in heißem Öl herausbacken

Fülle:

- Spinat fein hacken
- mit Topfen, Gewürzen und Parmesan vermischen

Graukäsenocken

1 kleine Zwiebel
etwas Öl
300 g Weißbrot
ca. 1/4 l Milch
200 g Graukäse
3 Eier
Salz, Pfeffer
Petersilie, Schnittlauch
40 g Mehl
Parmesan
etwas zerlassene Butter

- Zwiebelwürfel anrösten
- Brotwürfel, Zwiebel, Eier, Milch, Gewürze, Kräuter, Mehl und Käsewürfel gut vermengen
- 10 Minuten ziehen lassen
- Nocken formen
- in Salzwasser 15 Minuten leicht kochen lassen
- mit Parmesan und Butter servieren

Spinatnocken

1 kleine Zwiebel
etwas Öl
600 g Spinat
1 Knoblauchzehe
Salz, Pfeffer
Muskatnuss
300 g Weißbrot
ca. 1/4 l Milch
2 Eier
40 g Mehl
Parmesan
zerlassene Butter

- Zwiebelwürfel anrösten
- blanchierten Spinat hinzufügen, mit Salz, Pfeffer, Muskatnuss und gepresstem Knoblauch würzen
- Brotwürfel, Spinat, Milch, Eier und Mehl gut vermengen
- Masse etwas ziehen lassen
- Nocken formen
- in Salzwasser 15 Minuten leicht kochen lassen
- mit Butter und Parmesan servieren

Schwarzpolentanocken

300 g Weißbrot
3-4 Eier
Salz, Pfeffer
Schnittlauch
Petersilie
180 g Schwarzpolentamehl
1/8 - 1/4 l Wasser oder Milch
40 g Weizenmehl
150 g Gorgonzola

- Brotwürfel, Eier, Gewürze, Kräuter, Wasser und Mehl zu einem eher weichen Knödelteig verarbeiten
- etwas rasten lassen
- Nocken formen
- in die Mitte ein Stück Käse geben
- in Salzwasser ca. 15 Minuten leicht kochen lassen
- mit Salat servieren

Variation: *Speckwürfel anstelle von Käse in den Teig geben*

Wissenswertes: *Ein traditionelles Gericht – oft auch beim Törggelen gereicht – ist das Tris, drei verschiedene Knödel, Krapfen und Nocken; im Bild Graukäse-, Spinat- und Schwarzpolentanocken*

Brotauflauf

350 g Weißbrot
1/2 l Milch
50 g Grieß
60 g Zucker
3 Eier
Salz
Zimt
Zitronenschale
3 Äpfel oder Birnen

- würfelig geschnittenes Brot mit Milch, Grieß, Zucker, Dotter, Salz, Zimt und Zitronenschale gut verrühren
- Äpfel bzw. Birnen blättrig hobeln
- Eiweiß steifschlagen
- Äpfel bzw. Birnen und das Eiweiß unter die Brotmasse rühren
- in befettete Auflaufform füllen
- bei 180 °C ca. 40 Minuten backen

Schwarzplenten mit Käse

1 1/2 l Wasser
350 g feines Schwarzpolentamehl
100 g grobes Schwarzpolentamehl
Salz
50 g Butter
60 g geriebener Käse (Ziegenkäse, Graukäse)

- ins kochende Wasser Mehl hineinschütten
- nicht umrühren
- bei mäßiger Hitze zugedeckt ca. 45 Minuten wallen lassen
- kräftig umrühren
- 15 Minuten nachdünsten lassen
- mit zerlassener Butter beträufeln und mit Käse bestreuen

Variation: *mit zerlassener Butter und geriebenem Mohn servieren*

Schwarzpolenta-Käseknödel (Schworzplentene Kasknödl)

250 g Schwarzpolentamehl, mittel
140 g Weizenmehl
1 EL Petersilie, fein geschnitten
1 Porreestange
Salz, Pfeffer aus der Mühle
ca. 1/8 l Milch
80 g Gorgonzola
40 g zerlassene Butter
60 g geriebener Parmesan

- Schwarzpolentamehl, Weizenmehl, Petersilie, Porreeröllchen, Gewürze und Milch vermischen
- kleine Knödel formen, in die Mitte jeweils ein Stück Käse geben und rund formen
- in kochendem Salzwasser oder im Dampf garen
- mit Butter und Parmesan servieren

Beilage: *Ronensalat oder grüner Salat*
Tipp: *Knödel sofort servieren*

Kräuternocken

400 g Mehl
3 Eier
Salz, Pfeffer
Schnittlauch
Majoran, Basilikum
Petersilie
1/4 l Milch
60 g Emmentaler
zerlassene Butter
Parmesan

- Mehl, Eier, Salz, Pfeffer, fein gehackte Kräuter, Milch und grob geriebenen Käse gut vermengen
- Teig ins kochende Salzwasser in Form von kleinen Nocken einlegen
- aufkochen und abseihen
- mit Butter und Parmesan servieren

Gebackene Erdäpfelkrapfen

Teig:
300 g mehlige Kartoffeln
1 Eidotter
Salz, Pfeffer
15 g Germ
1 Prise Zucker
etwas lauwarme Milch
100 g Weizenmehl
100 g Roggenmehl

Fülle:
120 g passierter, gekochter Spinat
80 g Topfen
Salz, Pfeffer
1 Prise Muskatnuss
30 g geriebener Parmesan

Erdnussöl zum Backen

- Kartoffeln dämpfen und heiß pressen
- Eidotter, Salz und Pfeffer dazugeben
- aus Germ, Zucker und lauwarmer Milch Dampfl zubereiten
- 15 Minuten zugedeckt an einem warmen Ort gehen lassen
- Dampfl unter die Kartoffelmasse rühren
- Weizen- und Roggenmehl dazugeben und alles gut durchkneten
- Teig zugedeckt an einem warmen Ort ca. 30 Minuten gehen lassen
- für die Fülle Spinat, Topfen, geriebenen Parmesan und Gewürze gut miteinander vermischen
- Teig messerrückendick auf einer bemehlten Arbeitsfläche ausrollen
- Kreise von ca. 7 cm Durchmesser ausstechen, Fülle daraufgeben, zusammenklappen und mit den Fingern die Ränder zusammendrücken
- Krapfen zugedeckt nochmals gehen lassen
- Öl erhitzen und die Krapfen schwimmend herausbacken

Lüsner Krapfen

Sauerteig:
1/4 l Buttermilch
20 g Germ
4 EL Roggenmehl

Teig:
700 g Roggenmehl
120 g Weizenmehl
3/4 l saure Milch
20 g Germ
60 g zerlassene Butter
1 EL Rum
Salz
2 EL Anis

- Buttermilch mit Germ und Roggenmehl verrühren
- 36 Stunden stehen lassen
- Weizen- und Roggenmehl mischen, salzen und Anis dazugeben
- Dampfl zubereiten
- Sauerteig, Dampfl, Mehl und restliche Zutaten zu einem mittelfesten Teig verarbeiten
- Teig gehen lassen
- eine Rolle formen
- ca. 50 g schwere, längliche Scheiben abschneiden
- Teigstücke in Mehl wälzen und längliche Rollen formen (Schnittfläche ist obenauf)
- gehen lassen
- mit scharfem Messer die Rollen der Länge nach einritzen
- jeweils 2 Teigrollen an den oberen und unteren Enden zusammendrücken, sodass ein Paar entsteht
- mit dem Einschnitt nach oben ins heiße Fett legen
- langsam backen
- mit Fleischsuppe servieren

Schweinsrippelen mit Erdäpfeln

800 g Schweinsrippelen
700 g Kartoffeln
etwas Öl
Salz, Pfeffer
Knoblauch, Kümmel

- Rippelen mit Salz, Pfeffer, zerquetschtem Knoblauch und Kümmel einreiben
- in einer Bratpfanne auf allen Seiten anbraten
- mit etwas Wasser aufgießen
- geschälte, geviertelte Kartoffeln dazugeben, salzen
- ca. 45 Minuten weiterbraten
- mit Kümmel bestreuen und mit Krautsalat servieren

Tipp: *Anbraten: in wenig Öl, da Fleisch bereits Fett enthält*

Schafsbraten

800 g Schaffleisch (Schulter, Rücken oder Schlegel)
etwas Öl
1 kleine Zwiebel
1 Knoblauchzehe
Kümmel, Lorbeer
Rosmarin
3 Nelken, Neugewürz
Salz, Pfeffer
Fleischsuppe
20 g Mehl

- Fleisch in etwas Öl anbraten
- Zwiebelwürfel dazugeben
- mit Suppe aufgießen
- mit Salz, Gewürzen und Kräutern würzen
- fertig garen lassen
- öfters wenden und mit heißer Fleischsuppe begießen
- Sauce abseihen, abschmecken, eventuell mit Mehl binden
- Schafsbraten mit Gemüse und Kartoffeln servieren

Gänsebraten

2 Gänsekeulen
Salz, Pfeffer
etwas Fleischsuppe
Schale von 1/2 Orange (unbehandelt)
1 EL Mehl
2 EL Rotwein

- Gänsekeulen mit Salz und Pfeffer einreiben
- Fleisch anbraten
- mit Fleischsuppe aufgießen
- weichdünsten
- Fleisch herausnehmen und warmstellen
- geriebene Orangenschale mit Mehl und Wasser zu einem Teig verrühren
- zum Bratenrückstand geben, aufkochen lassen
- mit Rotwein abschmecken
- Gänsekeulen tranchieren
- mit Sauce und Reis oder Buchweizenspatzlan servieren

Rehbraten

800 g Rehfleisch
1 Zwiebel
Pfeffer, Curry, Salz
etwas Öl
Fleischsuppe
Lorbeer, Knoblauchzehe
Rosmarin, Salbei

- Fleisch und Pfeffer, Curry und Öl einreiben
- 4 Stunden ziehen lassen
- von allen Seiten scharf anbraten
- mit Suppe aufgießen
- Kräuter und Salz beifügen und fertig garen
- Fleisch herausnehmen und zugedeckt etwas ziehen lassen
- Sauce zubereiten
- mit Bandnudeln oder Schupfnudeln servieren

Tipp: *Zum Braten geeignet: Schulter, Rücken, Schlegel*

Gefüllte Kalbsschnitzel

4 kleine Kalbsschnitzel
100 g faschiertes Kalbfleisch
1 Eidotter
Salz, Pfeffer, Thymian
1 EL Brösel
1/8 l Weißwein
1 EL Sahne
etwas Gemüsesud
Petersilie

- Faschiertes mit Eidotter, Salz, Pfeffer, Thymian und Bröseln mischen
- Schnitzel mit dieser Fülle bestreichen
- einrollen und mit Zahnstochern fixieren
- in etwas Öl anbraten
- mit Weißwein löschen
- mit etwas Suppe aufgießen
- zugedeckt einige Minuten dünsten lassen
- Sauce mit Sahne und Petersilie abschmecken
- mit Spatzlan, Gemüse oder Reis servieren

Tipp: *Dünsten: Garen im geschlossenen Topf, im eigenen Saft oder in wenig Flüssigkeit*

Schwarzplentene Roulade

6 Dotter
4 EL Zucker
1 Pkg. Vanillezucker
3 EL heißes Wasser
6 Eiweiß
4 EL Schwarzpolentamehl
2 EL Weizenmehl
1 Msp. Backpulver
200 ml Sahne
100 g Preiselbeer-
marmelade

- Dotter, Zucker und Wasser schaumig rühren
- Mehl mit Backpulver vermischen
- steifgeschlagenes Eiweiß und Mehl abwechselnd unter die Schaummasse heben
- Masse aufs Backblech mit Backpapier streichen
- bei 190 °C ca. 12-15 Minuten backen
- Roulade stürzen, einrollen und erkalten lassen
- steifgeschlagene Sahne mit Marmelade mischen
- Roulade aufrollen, mit Fülle bestreichen und wieder zusammenrollen

Tipp: *Roulade auf ein bezuckertes Geschirrtuch stürzen, Papier abziehen; Roulade mit dem Geschirrtuch eng einrollen*

Grödner Kirchtagskrapfen

500 g Weizenmehl
Salz
80 g Zucker
60 g Germ
50 g zerlassene Butter
2 Eidotter
Rum oder Schnaps
Zitronenschale
ca. 1/4 l Milch

Fülle:
200 g geriebener Mohn
1/8 l Milch
1 Vanilleschote
2 EL Zucker
etwas Honig
1 EL Rum
Nelken- und Zimtpulver

Erdnussöl

- Mehl, Salz und Zucker mischen
- Dampfl zubereiten
- Dotter, lauwarme Milch, Butter und Rum versprudeln und dazugeben
- einen mittelfesten Germteig abschlagen
- Teig gehen lassen
- 1/2 cm dick auswalken
- Quadrate ausradeln
- Fülle daraufsetzen
- zu einem Dreieck zusammenschlagen und Ränder gut festdrücken
- nochmals abradeln
- zugedeckt gehen lassen
- in heißem Öl schwimmend herausbacken

Fülle:

- Milch mit Vanillemark und Zucker aufkochen, Mohn einrühren, aufkochen lassen, mit Honig und Geschmackszutaten abschmecken

Wipptaler Krapfen

400 g Roggenmehl
100 g Weizenmehl
1 EL Öl
Salz
1 Ei
ca. 1/4 l Milch

Fülle:
2 geriebene Äpfel
80 g geriebener Mohn
2 EL Sultaninen
100 g Topfen
1 Pkg. Vanillezucker
Zimt
1 EL Rum
Zucker nach Geschmack

Erdnussöl

- alle Zutaten zu einem glatten Teig kneten
- kleine Stücke abschneiden
- ovale Blätter auswalken
- mit Fülle belegen
- der Länge nach in der Mitte zusammenklappen
- Ränder fest andrücken
- in heißem Öl schwimmend herausbacken

Fülle:

- alle Zutaten vermengen, mit Zucker abschmecken

Topfenstollen

750 g Weizenmehl
340 g Topfen
120 g gehackte Nüsse
100 g geschälte, gehackte Mandeln
150 g Weinbeeren
100 g Sultaninen
1 Pkg. Vanillezucker
1 Pkg. Backpulver
Schale von 1 Zitrone
300 g Zucker
200 g Butter
1 TL Zimt
1/2 TL Nelkenpulver
4 Dotter
2 EL Rum
40 g zerlassene Butter
40 g Staubzucker

- Nüsse, Mandeln, Weinbeeren, Sultaninen, Gewürze, Zitronenschale mit Rum über Nacht ziehen lassen
- Mehl mit Butter abbröseln
- Topfen, Dotter, Zucker und Früchte untermengen
- 3 kleine Stollen formen
- bei 180 °C langsam backen
- heiß mit zerlassener Butter bestreichen
- mit Staubzucker bestreuen

Tipp: *Sultaninen und Weinbeeren abspülen, mit Tuch trockenreiben und in Mehl wenden*

Osterkränze

500 g Weizenmehl
80 g Zucker
40 g Germ
ca. 1/4 l Milch
80 g Butter
100 g Sultaninen
4 Dotter
1 Prise Salz
Schale von 1/2 Zitrone

Honigwasser:
1-2 EL Honig
3 EL Wasser
etwas Schale einer unbehandelten Zitrone

- Mehl und Salz mischen
- Dampfl zubereiten
- alle Zutaten zu einem glatten Germteig verarbeiten
- gehen lassen
- 40 cm lange dünne Zöpfe formen
- zu einem Kranz binden
- 10 Minuten gehen lassen
- bei 200 °C goldgelb backen
- noch heiß mit Honigwasser bestreichen

Honigwasser:

- Honig mit Wasser und Zitronenschale kurz erhitzen

Schüttelkuchen

300 g Mehl
300 g Zucker
80 g geriebene Schokolade
150 g geriebene Nüsse
1 Msp. Zimt
1 Pkg. Backpulver
1 Tasse Kaffee
150 g zerlassene Butter
4 Eier

- Mehl, Zucker, Schokolade, Nüsse, Zimt, Backpulver in eine Schüssel geben
- mit einem Deckel gut verschließen und kräftig schütteln
- Kaffee, Butter und Eier dazugeben und nochmals kräftig schütteln
- in eine vorbereitete Kuchenform füllen
- bei 175 °C ca. 1 Stunde backen

Jörgele Schnitten

220 g Butter
220 g Zucker
4 Eier
1 Pkg. Vanillezucker
220 g Sultaninen
220 g Nüsse oder Mandeln
220 g Weizenmehl
1 Pkg. Backpulver
Schale von 1/2 Zitrone

- Butter und Zucker flaumig rühren
- Eier nach und nach darunterrühren
- Vanillezucker, Sultaninen, Nüsse, Zitronenschale, Mehl und Backpulver vermischen und unter den Abtrieb heben
- Masse auf ein Blech streichen
- bei 175 °C backen
- kalt in Schnitten schneiden

Tipp: *alle Zutaten sollen Zimmertemperatur haben*

Germmingilan

500 g Weizenmehl
80 g Zucker
Salz
1/4 l lauwarme Milch
1 Ei
4 Dotter
80 g Butter
30 g Germ
1 EL Rum
1 Pkg. Vanillezucker
Schale von 1 Zitrone
60 g Sultaninen
Erdnussöl

- Mehl mit Salz mischen
- Dampfl zubereiten
- alle Zutaten zu einem nicht zu festen, glatten Teig verarbeiten
- 30 Minuten gehen lassen
- mit einem in Öl getauchten Esslöffel Nocken ausstechen
- ins heiße Fett einlegen und von allen Seiten hellbraun backen
- mit Kompott servieren

Mohn-Apfel-Krapfen

200 g Roggenmehl
200 g Weizenmehl
1 EL Öl
1 Ei
1 Prise Salz
ca. 200 ml Milch
1 EL Schnaps

Fülle:
2 geriebene Äpfel
70 g geriebener Mohn
80 g Topfen
1 Prise Zimt
1 EL Rum
Zucker nach Geschmack

Erdnussöl zum Backen

- Roggenmehl, Weizenmehl, Öl, Ei, Salz, Schnaps und lauwarme Milch zu einem mittelfesten Teig zusammenkneten
- für die Fülle alle Zutaten gut vermengen, eventuell mit Zucker abschmecken
- kleine Stücke vom Teig herunterschneiden
- zu ovalen Blättern ausrollen
- mit Fülle belegen und der Länge nach in der Mitte zusammenklappen
- Ränder fest zusammendrücken und abradeln
- Öl erhitzen und Krapfen schwimmend herausbacken
- auf Küchenpapier gut abtropfen

Variation: *Marmelade zum Füllen verwenden*

Bananencreme

2 Eier
50 g Zucker
200 ml Sahne
1 Banane
1-2 EL Rum

- Eier und Zucker sehr schaumig rühren
- zerdrückte Banane und steifgeschlagene Sahne unter die Schaummasse heben
- mit Rum abschmecken
- portionieren und kühl stellen

Kniekiachlan

500 g Mehl
1 Prise Salz
30 g Germ
3 Dotter
60 g Butter
50 g Zucker
ca. 1/4 l Milch
1 Stamperl Rum
Erdnussöl
Preiselbeermarmelade

- Mehl mit Salz vermischen
- Dampfl bereiten
- lauwarme Milch, Dotter, zerlassene Butter und Rum dazugeben
- zu einem mittelfesten Teig abschlagen
- zugedeckt gehen lassen
- mit einem Löffel Teigstücke abstechen, auf dem Brett zu Kugeln ausformen
- zugedeckt gehen lassen
- jedes Kiachl so auseinanderziehen, dass der Teig in der Mitte sehr dünn ist, am Rand soll er dick bleiben
- mit der oberen Seite nach unten in das heiße Öl einlegen, mit Öl bespritzen
- umdrehen und fertigbacken
- ins Loch kann Marmelade eingefüllt werden

Mohnkuchen

500 g Weizenmehl
1 Pkg. Backpulver
180 g Zucker
1 Pkg. Vanillezucker
2 Eier
100 g Butter
250 g Topfen

Fülle:
350 g gemahlener Mohn
120 g Zucker
knapp 1/8 l Milch
60 g Butter
1 TL Zimt
1 Ei
1 EL Rum
60 g Sultaninen

Milch zum Bestreichen

- alle trockenen Zutaten vermischen
- Butter abbröseln
- mit Eiern und Topfen rasch zu einem Mürbteig verarbeiten
- ca. 1/2 Stunde kühl rasten lassen
- Teig in 4 gleiche Stücke teilen
- jeweils zu einem Teigblatt in der Größe der Tortenform (Durchmesser 26 cm) ausrollen
- ein Teigblatt in die Form legen
- Fülle daraufstreichen, mit Teigblatt bedecken
- so fortfahren, bis Fülle und Teigblätter aufgebraucht sind
- oberste Teigschicht mit Milch bestreichen
- bei 180 °C ca. 65-70 Minuten backen

Fülle:

- Milch und Zucker und Butter aufkochen, Mohn, Zimt, Ei, Rum und Sultaninen unterrühren, Mohnmasse auskühlen lassen

Ölkuchen

4 Dotter
200 g Zucker
1/8 l Wasser
1/8 l Öl
Schale von 1 Zitrone
250 g Weizenmehl
1 Pkg. Backpulver
4 Eiweiß

- Dotter und Zucker sehr schaumig rühren
- Wasser, Öl und Zitronenschale dazugeben
- mit Backpulver vermischtes Mehl abwechselnd mit dem steifgeschlagenen Eiweiß unter die Schaummasse heben
- bei 180 °C backen

Tipp: *Biskuitmasse nicht stehen lassen, sonst fällt der Teig zusammen und verliert an Lockerheit*

Mohnmingilan

500 g gedämpfte, passierte Kartoffeln
2 Eier
Salz
100 g geriebener Mohn
1 Msp. Zimt
150 g Weizenmehl
2 Eier
Salz
1/4 l Milch
etwas Zucker
1 Pkg. Vanillezucker
1 Schuss Rum
Erdnussöl
Staubzucker zum Bestreuen

- Kartoffeln, Eier, Salz, Mohn und Zimt zu einer festen Masse zusammenkneten
- kleine Kugeln (3 cm Durchmesser) formen
- aus Mehl, Eier, Rum, Salz, Zucker und Milch einen festen Omlettenteig zubereiten
- Mohnmingilan in Omlettenteig eintauchen
- in heißem Fett schwimmend herausbacken
- mit Staubzucker bestreuen

Brottorte

200 g Zucker
6 Dotter
50 g geriebene Mandeln
50 g geriebene Schokolade
1 Msp. Zimt
1 Msp. Nelkenpulver
6 Eiweiß
80 g Brösel
60 g Weizenmehl
Schale von 1/2 Zitrone

- Zucker und Dotter sehr schaumig rühren
- Mandeln, Schokolade, Zimt, Nelkenpulver und Zitronenschale unterrühren
- steifgeschlagenes Eiweiß abwechselnd mit dem Mehl-Brösel-Gemisch unterheben
- bei 180 °C ca. 1 Stunde backen
- ausgekühlt eventuell mit Marillenmarmelade bestreichen

Tipp: *steifgeschlagenes Eiweiß nur unterheben, nie unterrühren, da ansonsten die Luftbläschen im Eischnee zerstört werden*

Rahmkekse

200 g Butter
100 g Zucker
Schale von 1 unbehandelten Zitrone
2 Eidotter
6 EL Rahm
500 g Weizenmehl
1 Pkg. Backpulver

- Butter, Zucker und Zitronenschale flaumig rühren
- Eidotter nach und nach unterrühren
- anschließend Rahm dazugeben
- Mehl mit Backpulver unter die Masse kneten
- 1 Stunde kühl rasten lassen
- 1/2 cm dick auswalken, beliebige Formen ausstechen
- bei 175 °C goldgelb backen

Preiselbeermarmelade

1 kg Preiselbeeren
200 g säuerliche Äpfel
400 g Zucker

- Preiselbeeren und geraspelte Äpfel gut verrühren
- ca. 15 Minuten kochen lassen
- Zucker unterrühren
- aufkochen lassen, Gelierprobe machen
- in heiße Gläser einfüllen und verschließen

Tipp: *Gelierprobe: 1 TL auf einen kalten Teller geben; geliert Marmelade nach kurzer Zeit, ist sie fertig*

Zirmschnaps

1 l Treber
1/4 l abgekochtes Wasser
8 halbreife Zirmzapfen (innen noch rot)
200 g Mohnzucker (ersatzweise Kristallzucker)

- Zirmzapfen vierteln
- alle Zutaten in ein Glas füllen
- verschließen und kräftig schütteln
- 14 Tage stehen lassen
- abseihen
- in Flaschen umfüllen

Graukas

gestockte, saure Magermilch
Salz, Pfeffer

- Milch auf 60 °C erhitzen
- stehen lassen, bis sich der Tschotte absetzt
- abseihen, abtropfen lassen
- körnigen Tschotte würzen
- in eine Form oder kleine Schüssel pressen
- zugedeckt an einem warmen Ort reifen lassen

Ziegerkas

saure Magermilch
fein geschnittener Schnittlauch
Salz, Pfeffer

- Milch auf 60 °C erhitzen
- stehen lassen, bis sich der Tschotte absetzt
- abseihen, abtropfen lassen
- Schnittlauch und Gewürze untermengen
- mit nassen Händen Kegeln formen und auf ein Brett setzen
- 1-2 Tage trocknen lassen
- in eine Schüssel legen, mit einem Tuch abdecken
- ca. 15 Tage an einem warmen Ort stehen lassen
- zwischendurch den Ziegerkas umschichten
- sobald sich eine schmierige Schicht gebildet hat, ist der Ziegerkas reif

Pustertal

Bereits in vorgeschichtlicher Zeit besiedelt, wurde das Pustertal um Christi Geburt von den Römern besetzt. Die Ausgrabungen „Sebatum“ und „Aguntum“ erinnern noch heute an römische Militärstationen. Im 8. Jahrhundert wurde das Stift Innichen gegründet, welches für seinen großartigen romanischen Kirchenbau über die Grenzen hinaus bekannt geworden ist.

Die spätgotische Pfarrkirche von St. Sigmund beherbergt einen der bedeutendsten, vollständig erhaltenen gotischen Flügelaltäre (1430) des Landes.

Das Pustertal ist für seine Grünlandwirtschaft und das Milchvieh bekannt. Wiesen und Weideflächen prägen neben Kartoffeläckern und Maisfeldern das Landschaftsbild des rauesten Tales von Südtirol.

Graukäse, Zieger und andere köstliche Käsesorten werden auf den Pusterer Almen hergestellt.

Landauf, landab bekannt sind auch die Pusterer Kartoffeln, welche Grundlage für eine ganze Reihe von typischen Gerichten darstellen. Neben den Pusterer Tirtlan und dem Erdäpfelriebler sind wohl die Schlutzkrapfen, vorzugsweise mit Spinat gefüllt, das Markenzeichen der Pustertaler Küche geworden.

Porreesuppe

1 Stange Porree
160 g Kartoffeln
etwas Öl
1 Zwiebel
Salz, Pfeffer
Muskatnuss
1 EL Sahne
Schnittlauch

- würfelig geschnittene Zwiebel anrösten
- Porree und Kartoffeln in kleine Würfel schneiden und dazugeben, würzen mit Salz, Pfeffer, Muskat
- dünsten lassen
- Wasser bzw. Suppe aufgießen, aufkochen lassen und abschmecken
- mit Sahne und gehacktem Schnittlauch verfeinern

Variation: *jede andere Gemüseart*

Erdäpfelsuppe mit Milch

1 Zwiebel
etwas Öl
600 g Kartoffeln
3 EL Kräuter: Majoran, Thymian, Petersilie, Basilikum
Salz, Pfeffer
3/4 l Milch
1 Semmel

- Zwiebelwürfel anrösten
- Kartoffelwürfel dazugeben
- mit 1/4 l Wasser aufgießen
- mit Salz und Pfeffer würzen
- Suppe kochen lassen
- Suppe pürieren, Milch unterrühren
- 5 Minuten kochen lassen
- fein gehackte Kräuter dazugeben
- mit gebähten Brotwürfeln servieren

Tipp: *Kräuter können Salz teilweise ersetzen*

Bauernsuppe

60 g Karotten
60 g Porree
60 g Sellerieknolle
2 EL Weizenschrot
3 EL Haferschrot
oder Haferflocken
2 EL frische Kräuter
Salz
1 l Gemüsesud
2 EL Sahne

- Weizen- und Haferschrot mit Wasser bedecken
- 1 Stunde stehen lassen
- Gemüse in kleine Würfel schneiden und im Gemüsesud halbweich kochen
- eingeweichten Weizen- und Haferschrot dazugeben und würzen
- 10 Minuten kochen lassen
- frisch gehackte Kräuter und Sahne unterrühren

Käsesuppe

1 kleine Zwiebel
etwas Öl
1/16 l Weißwein
30 g Mehl
1 l Suppe oder Wasser
150 g Gorgonzola
1 Knoblauchzehe
Schnittlauch
1 Semmel

- Zwiebelwürfel anrösten, fein gehackten Knoblauch dazugeben
- mit Mehl stauben
- löschen mit Weißwein
- mit Suppe oder Wasser aufgießen
- würzen
- ca. 5 Minuten kochen lassen
- Gorgonzola einrühren, aufkochen lassen
- mit Schnittlauch und gebähten Brotwürfeln servieren

Tipp: *Kräuter: unter das fertige Gericht rühren oder darüberstreuen*

Pustertaler Grießnockensuppe

180 g Grieß
2 Eier
80 g Butter
Salz, Pfeffer
Muskatnuss
Petersilie
Gemüsesud oder Fleischsuppe

- Eier, Butter, Gewürze und Petersilie gut vermengen
- Grieß dazugeben
- etwas Öl erhitzen
- kleine Nocken formen
- auf beiden Seiten leicht anbraten
- in Fleischsuppe oder Gemüsesud ca. 20 Minuten leicht kochen lassen

Erdäpfelschlutzkrapflan

500 g mehlige Kartoffeln
2 Dotter
Salz, Muskatnuss
40 g Butter
200 g Mehl

Fülle:
100 g Topfen
20 g Schinken
1 Dotter
Salz, Pfeffer
Petersilie
30 g Parmesan
zerlassene Butter
Parmesan

- Kartoffeln dämpfen, schälen und heiß pressen
- Kartoffeln, Dotter, Gewürze, Butter und Mehl rasch zu einem Kartoffelteig zusammenkneten
- für die Fülle alle Zutaten gut vermengen
- Kartoffelteig auswalken
- Scheiben ausstechen, mit Fülle belegen
- zusammenklappen, gut andrücken
- im kochenden Salzwasser ca. 8 Minuten leicht kochen lassen
- abseihen
- mit Butter und Parmesan servieren

Variation: *Schinken-, Spinat-, Käsefülle*

Spinatpudding

400 g Spinat
4 Dotter
1 EL Sahne
1/2 kleine Zwiebel
1 Knoblauchzehe
Salz, Pfeffer
Muskatnuss
30 g Butter
30 g Parmesan

- Spinat kochen und passieren
- fein gehackte Zwiebel, zerdrückte Knoblauchzehe, Dotter und Sahne zum Spinat geben
- mit Salz, Pfeffer und Muskatnuss abschmecken
- kleine Puddingförmchen befetten und bebröseln
- Masse einfüllen
- Förmchen in ein Wasserbad stellen
- bei 200 °C ca. 20 Minuten garen
- Pudding stürzen und mit Parmesan und zerlassener Butter servieren

Variation: *Mangold, Brokkoli, Brennnesseln, Sauerampfer*

Blutnudel

300 g Mehl
200 g Blut (Schweinsblut)
Salz
1 Ei
80 g Parmesan
50 g Butter

- aus Mehl, Blut, Salz und Ei einen glatten Teig zubereiten
- Teig dünn austreiben und in feine Streifen schneiden
- 2-3 Minuten in Salzwasser kochen
- abseihen, mit zerlassener Butter und Parmesan servieren

Variation: *Spinat, Kräuter, Ronen*

Schnittlauchschmarren

300 g Mehl
3-4 Eier
Salz, Schnittlauch
ca. 1/2 l Milch
etwas Öl

- Mehl, Salz, Milch und fein gehackten Schnittlauch gut verrühren
- Eier locker unterrühren
- Öl in einer Pfanne erhitzen, Teig eingießen (in mehreren Partien)
- beidseitig backen
- in kleine Stücke reißen
- mit Salat servieren

Erdäpfelnudeln

750 g mehlige Kartoffeln
2 Dotter
Salz, Muskatnuss
40 g Butter
200 g Mehl
1/4 l Tomatensauce
Parmesan

- Kartoffeln dämpfen, schälen und heiß pressen
- Kartoffeln, Dotter, Gewürze, Butter und Mehl rasch zu einem Kartoffelteig kneten
- Rollen formen, Stücke herunterschneiden und zu länglichen Nudeln formen
- im kochenden Salzwasser ca. 1 Minute kochen lassen
- abseihen
- mit Tomatensauce und Parmesan servieren

Tipp: *Dämpfen: schonende Garmethode, wertvolle Inhaltsstoffe bleiben weitestgehend erhalten*

Erdäpfelblattlan mit Sauerkraut

1 kg mehlige Kartoffeln
200 g Weizenmehl
3 Dotter
Salz, Muskatnuss
Erdnussöl

Sauerkraut:
1 kleine Zwiebel
etwas Öl
etwas Suppe oder
Wasser zum Aufgießen
400 g Sauerkraut
Salz, Pfeffer
6-7 Wacholderbeeren
1 TL Kümmel

- Kartoffeln dämpfen, schälen, heiß pressen
- auskühlen lassen
- Mehl, Salz, Muskatnuss und Dotter unter die Kartoffeln kneten
- Teig austreiben
- rechteckige Blätter schneiden
- im heißen Öl goldgelb backen
- mit Sauerkraut servieren

Sauerkraut:

- Zwiebelwürfel kurz andünsten, Sauerkraut dazugeben und mit den Gewürzen abschmecken
- gut umrühren, eventuell etwas aufgießen und einige Minuten leicht köcheln lassen

Tipp: *Erdäpfelblattlan: auf Küchenkrepp abtropfen lassen, dann sind sie weniger fettig*

Ofenplent

150 g Mehl
100 g Vollkornmehl
3/8 l Milch
4 Eier
1 Prise Salz
4 mittelgroße Äpfel
Saft von 1/2 Zitrone
Zucker und Zimt
zum Bestreuen

- Mehl, Vollkornmehl, Milch, Dotter zu einem eher festen Schmarrenteig verrühren
- 30 Minuten quellen lassen
- Eiweiß mit Salz steifschlagen und vorsichtig unter den Teig heben
- Äpfel schälen, blättrig hobeln, mit Zitronensaft beträufeln
- Auflaufform befetten, Teig hineingießen
- Apfelstücke daraufgeben, mit Zucker und Zimt bestreuen
- bei 200 °C 30 Minuten goldgelb backen

Tipp: *Vollkornmehl: braucht mehr Flüssigkeit, Quellzeit notwendig*

Reisauflauf

3/4 l Milch
200 g Reis
1 Prise Salz
60 g Zucker
1 Pkg. Vanillezucker
Schale von 1 Zitrone
60 g Butter
40 g Sultaninen
4 Eier

- leicht gesalzene Milch erhitzen, Reis einkochen und ausquellen lassen
- Reis auskühlen lassen
- Butter, Zucker, Vanillezucker, Zitronenschale, Sultaninen, Dotter unterrühren
- Eiweiß steifschlagen und die Hälfte davon unter die Reismasse heben
- bei 180 °C 35 Minuten backen
- geschlagenes Eiweiß daraufgeben
- noch ca. 10 Minuten überbacken
- mit Zwetschken- bzw. Birnenkompott oder Preiselbeermarmelade servieren

Variation: *Reisauflauf mit Äpfeln: eine Lage Reis, eine Lage Äpfel, eine Lage Reis*

Schlutzkrapfen

400 g Roggenmehl
100 g Weizenmehl
1 Ei
Salz
3 EL Öl
lauwarmes Wasser nach Bedarf

Fülle:
100 g Spinat
200 g Topfen
Salz, Pfeffer
Muskatnuss,
Schnittlauch
2 EL Parmesan
1 gekochte Kartoffel

- gekochten, gehackten Spinat mit Topfen, zerdrückter Kartoffel, Parmesan, Schnittlauch und Gewürzen gut vermengen
- Mehl, Ei, Salz, Öl und lauwarmes Wasser zu einem glatten Teig verkneten
- 30 Minuten rasten lassen
- Teig dünn austreiben, mit einem runden Ausstecher Scheiben ausstechen
- Spinatfülle daraufgeben, die Scheiben zusammenklappen, gut zusammendrücken
- in Salzwasser kochen
- mit Butter und Parmesan servieren

Variation: *Topfen-Kräuter-Fülle oder Sauerkrautfülle*

Erdäpfelroast

1 l Wasser
200 g grobes, gelbes Polentamehl
Salz
150 g gekochte Kartoffeln
etwas Öl
fein gehackter Schnittlauch

- Wasser zum Kochen bringen
- salzen und Polentamehl mit dem Schneebesen einrühren
- aufkochen lassen
- ca. 45 Minuten ausquellen lassen
- Kartoffeln in Scheiben schneiden
- in der Pfanne gut anrösten
- Polentascheiben dazugeben
- gut durchrösten
- mit Schnittlauch bestreuen
- mit Milch servieren

Variation: *250 g Schwarzpolentamehl*

Tirtlan

300 g Roggenmehl
150 g Weizenmehl
50 g Butter
Salz
ca. 1/4 l Wasser-Milch-Gemisch

Fülle:
300 g Topfen
160 g Kartoffeln
Salz, Pfeffer
Muskatnuss
1 Knoblauchzehe
Schnittlauch
1 kleine Zwiebel

Erdnussöl

- Topfen, gekochte, zerdrückte Kartoffeln, Gewürze, würfelig geschnittene Zwiebel und gepresste Knoblauchzehe vermengen
- Mehl, zerlassene Butter, Salz und lauwarmes Wasser-Milch-Gemisch zu einem glatten Teig kneten
- 30 Minuten rasten lassen
- Teig dünn zu 15 cm runden Blättern austreiben
- mit Fülle belegen
- 2. Teigblatt darüberlegen, Ränder gut andrücken und abradeln
- im heißen Erdnussöl herausbacken

Variation: *Spinat-, Sauerkraut-, Kartoffel- oder Mohnfülle*

Spinatofenplent

150 g Mehl
100 g Vollkornmehl
3/8 l Milch
3 Eier
1 Prise Salz
450 g Spinat
30 g Butter
20 g Mehl
ca. 1/8 l Milch
Salz, Pfeffer
Muskatnuss
30 g Parmesan

- aus Mehl, Milch, Salz, Eiern einen festen Schmarrenteig zubereiten
- 30 Minuten quellen lassen
- Butter schmelzen, Mehl einrühren, mit Milch aufgießen
- fein gehackten, blanchierten Spinat einrühren
- mit Salz, Pfeffer, Parmesan, Muskatnuss abschmecken
- die Hälfte vom Teig in eine befettete, heiße Auflaufform gießen
- bei 180 °C 20 Minuten stocken lassen, Spinatfülle und den Rest des Teiges daraufgeben
- noch für weitere 20 Minuten ins Rohr schieben

Pusterer Pressknödel

200 g Mehl
150 g Gorgonzola
100 g Porree
2 Eier
1 EL Öl
Salz, Pfeffer
fein gehackter Schnittlauch
etwas Öl

- Mehl, Salz, Pfeffer, Öl, Eier, Schnittlauch, Gorgonzola und Porreestückchen mit etwas Wasser zu einem eher festen Teig verarbeiten
- in einer Pfanne etwas Öl erhitzen, kleine Häufchen hineingeben
- auf beiden Seiten hell backen
- ins kochende Salzwasser legen
- 15 Minuten ziehen lassen
- in der Suppe oder mit Salat servieren

Tipp: *Knödelmasse: durch den Gorgonzola eher fettreich, deshalb wenig Öl in die Pfanne geben*

Roggentirtlan mit Sauerkraut (Roggene Tirtlan mit Zettlkraut)

500 g Roggenmehl
etwas Salz
lauwarme Milch oder
Molke zum Aufgießen

Fülle:
1 kleine Zwiebel
400 g Sauerkraut
Salz, Pfeffer aus
der Mühle
Wacholderbeeren
etwas Kümmel

Erdnussöl zum Backen

- Mehl mit Salz und Flüssigkeit zu einem glatten Teig zusammenkneten
- zugedeckt ca. 30 Minuten rasten
- Zwiebel kleinwürfelig schneiden und etwas anrösten
- Sauerkraut dazugeben und würzen
- Teig dünn zu ca. 10 cm runden Blättern austreiben
- etwas Sauerkraut daraufgeben und mit einem zweiten Teigblatt zudecken
- Ränder gut zusammendrücken und mit Teigrad abradeln
- in heißem Öl goldgelb herausbacken
- auf Küchenpapier gut abtropfen

Beilage: *Fleisch-, Gerst- oder Nudelsuppe*

Tipp: *Spinat-, Topfen-, Kartoffel-, Mohn- oder Mangoldfülle verwenden*

Erdäpfelknödel mit Ziegerkäse

Teig:
500 g mehlige Kartoffeln
60 g Butter
2 Eidotter
180 g Weizenmehl
Salz, Pfeffer aus der Mühle
1 Prise Muskatnuss

Fülle:
250 g Ziegerkäse
2 EL Schnittlauchröllchen

30 g Butter
20 g geriebener Mohn
30 g grob geriebener Parmesan

- Kartoffeln dämpfen, schälen und heiß pressen
- Butter, Eidotter und Gewürze dazugeben
- auskühlen lassen
- Weizenmehl rasch unterkneten
- Käse mit Schnittlauch vermischen
- aus dem Teig eine Rolle formen, kleine Stückchen herunterschneiden
- diese bemehlen, flach drücken, Fülle darauf geben und zu einem Säckchen zusammendrücken
- rund formen
- in kochendem Salzwasser oder im Dampf ca. 15 Minuten garen
- abseihen und mit Butter, Mohn und Parmesan servieren

Variation: *Gorgonzola, Kräuter-Topfen oder Ricotta als Fülle verwenden*

Tipp: *aus dem Teig Schlutzkrapfen formen*

Spinat-Topfen-Nocken

400 g blanchierter, passierter Spinat
400 g Topfen
2 Eier
100 g Mehl
40 g Parmesan
Muskatnuss, Salz
gehackter Schnittlauch
etwas zerlassene Butter
Parmesan zum Bestreuen

- alle Zutaten miteinander vermischen
- Nocken formen
- ins kochende Salzwasser einlegen und ca. 10 Minuten ziehen lassen
- mit Schnittlauch, Parmesan und Butter servieren

Tipp: *bei Verwendung von tiefgekühltem Spinat: zuerst auftauen lassen und dann ganz gut auspressen; Butter: bei niedriger Temperatur schmelzen, soll gelblich-weißlich sein*

Pressknödel

300 g Weissbrot
150 g Graukäse
1/8 l Milch
2 Eier
80 g Porree
fein gehackter Schnittlauch
Salz, Pfeffer, Kümmel
60 g Mehl
etwas Öl

- würfelig geschnittenes Brot, Käse, Porree, Milch, Eier, Schnittlauch, Salz, Pfeffer, Kümmel und Mehl gut vermengen
- Masse 15 Minuten ziehen lassen
- plattgedrückte Knödel formen
- in wenig Öl auf beiden Seiten goldgelb anbraten
- ins kochende Salzwasser legen und 15 Minuten ziehen lassen
- in der Suppe oder mit Krautsalat servieren

Hirschgulasch

1 kg Hirschfleisch
(Hals, Rippen, Brust)
1/2 l Buttermilch
6 Wacholderbeeren
60 g Speck
1 Zwiebel
ca. 20 g Mehl
1/8 l Rotwein
Salz, Pfeffer, Thymian,
Knoblauch, Lorbeerblatt

- Fleischstücke 2 Tage in Beize aus Buttermilch und Wacholderbeeren legen
- Zwiebel- und Speckwürfel anrösten
- abgetropfte, abgetrocknete Fleischstücke dazugeben, gut durchrösten
- mit Mehl stauben
- mit Rotwein löschen
- würzen, mit ca. 2 Tassen Buttermilchbeize aufgießen
- zugedeckt ca. 90 Minuten dünsten
- mit Buchweizenspatzlan und Gemüse servieren

Tipp: *Hirsch: in Butttermilchbeize legen, Geschmack wird milder*

Wildgeschnetzeltes

500 g Wildfleisch (Nuss)
etwas Öl
60 g Sellerieknolle
1/8 l Rotwein
Salz, Pfeffer
1/8 l Sahne
2 EL
Preiselbeermarmelade

- Fleisch in Scheiben schneiden
- mit Selleriewürfel gut anbraten
- mit Rotwein löschen
- würzen, mit etwas Wasser oder Suppe aufgießen
- ca. 40 Minuten dünsten lassen
- Marmelade und Sahne unterrühren, kurz ziehen lassen
- mit Fastenknödeln oder Spatzlan servieren

Tipp: *Fleisch gegen die Faser schneiden, Fleisch wird sonst zäh*

Reh- oder Hirschmedaillons mit Pilzen

500 g ausgelöster Reh- oder Hirschrücken
etwas Öl
400 g Pfifferlinge, Champignons oder Trockenpilze
1 Zwiebel
Salz, Pfeffer
1/8 l Sahne
Petersilie
1/8 l Rotwein

Wildfond:
100 g Karotten
60 g Knollensellerie
300 g Zwiebel
ca. 800 g Wildknochen und Wildfleischabschnitte
ca. 1/4 l dunkler, kräftiger Rotwein
ca. 1/8 l Wasser
1 EL Wacholderbeeren
4 Pfefferkörner
2 Gewürznelken

- Zwiebelwürfel anrösten
- halbierte Pilze dazugeben, gut anrösten, mit Wildfond aufgießen und ca. 10 Minuten garen lassen
- Wildrücken in ca. 1,5 cm dicke Scheiben schneiden, würzen, scharf anbraten
- mit Rotwein löschen, Pfifferlingsauce dazugeben, mit Sahne und Petersilie abschmecken
- mit Reis oder Knödeln servieren

Wildfond:

- grob gehacktes Wurzelwerk, Zwiebelscheiben und Wildknochen anrösten, mit Rotwein und Wasser aufgießen, Wacholderbeeren, Pfefferkörner, Gewürznelken dazugeben, aufkochen, 1 1/2 Stunden kochen lassen, abseihen und bei mäßiger Hitze etwa um 1/4 einreduzieren lassen

Tipp: *Trockenpilze: mit doppelter Menge Wasser auffüllen und quellen lassen, Restflüssigkeit nicht mitverwenden*

Bauerneintopf

500 g Schweins- oder Kalbsschulter
100 g Speck
80 g Karotten
1 kg Kartoffeln
2 Zwiebeln
3/4 l Rindsuppe
Salz, Pfeffer
1 Knoblauchzehe

- Fleisch würfelig schneiden
- Speckwürfel, Zwiebelscheiben gut anrösten
- Fleisch dazugeben, anrösten
- in Scheiben geschnittene Kartoffeln und Karotten dazugeben
- mit Suppe aufgießen
- würzen mit Salz, Pfeffer, Knoblauch
- zudecken und auf kleiner Flamme ca. 30 Minuten dünsten

Reisfleisch

1 kleine Zwiebel
etwas Öl
180 g Rindsschulter
etwas Paprika
Salz, Pfeffer, Knoblauch
1/16 l Rotwein
300 g Reis
40 g Parmesan
Petersilie

- Zwiebelwürfel anrösten
- Fleischwürfel dazugeben
- gut durchrösten, Paprika dazugeben
- mit Rotwein löschen, mit wenig Wasser aufgießen, würzen
- dünsten lassen
- 15 Minuten vor Ende der Garzeit Reis unterrühren
- mit Parmesan und Petersilie servieren

Pilz-Fleisch-Eintopf

250 g Schweinsschulter
800 g Kartoffeln
150 g Pilze (Pfifferlinge, Steinpilze, Röhrlinge)
1/16 l Rotwein
30 g Mehl
Salz, Pfeffer, Knoblauch
Petersilie, Schnittlauch

- Fleisch in Würfel schneiden und in etwas Öl anrösten
- Kartoffeln und Pilze in Scheiben schneiden und dazugeben
- mit Mehl stauben
- mit Rotwein löschen und würzen
- etwas aufgießen
- zugedeckt ca. 40 Minuten dünsten lassen
- fein gehackten Schnittlauch und Petersilie unterrühren

Tipp: *Steinpilze: nicht wässern, verlieren sonst Aroma*

Topfenbuchteln

400 g Mehl
Salz
1/8 l Milch
2 Dotter
50 g Zucker
60 g Butter
20 g Germ

Fülle:
40 g Butter
100 g Zucker
2 Eier
400 g Topfen
50 g Sultaninen
ev. etwas Brösel

- Mehl mit Salz und Zucker vermischen
- Dampfl bereiten bzw. Germ einbröseln
- Butter schmelzen und dazugeben
- Dotter mit Milch versprudeln, dazugeben
- zu einem mittelfesten Germteig abschlagen
- dann mit Löffel Teigstücke abstechen
- auseinanderziehen
- mit Topfenfülle füllen
- Buchteln in befettete Auflaufform einlegen
- noch einmal gehen lassen
- ca. 30-45 Minuten bei 180 °C backen

Fülle:
- Butter mit Zucker flaumig rühren
- Eier unterrühren
- Topfen und Sultaninen unter den Abtrieb heben
- ganz zum Schluss vorsichtig steifgeschlagenes Eiweiß unterheben
- Fülle eventuell mit Bröseln verfeinern

Tipp: *Dampfl zubereiten: Germ mit Zucker, etwas Mehl und lauwarmer Flüssigkeit verrühren, 15 Minuten gehen lassen*

Apfelkuchen

120 g Butter
120 g Zucker
2 Eier
1 Zitrone
4 EL Milch
250 g Mehl
1/2 Pkg. Backpulver
Butter und Mehl
für die Form
10 Äpfel
Marillenmarmelade

- Butter, Zucker, Eier, Zitronenschale und Milch flaumig rühren
- Mehl mit Backpulver unter die Masse rühren
- Teig in eine befettete und bemehlte Tortenform füllen
- Äpfel schälen, in Viertel schneiden, das Kerngehäuse entfernen
- Apfelviertel auf der Außenseite mehrmals der Länge nach einschneiden
- mit Einschnitten nach oben gleichmäßig auf den Teig legen
- im vorgeheizten Rohr bei 180 °C ca. 45 Minuten backen
- noch heiß mit Marillenmarmelade bestreichen

Variation: *Birnen*

Rahmkuchen

2 Schalen Mehl
1 Schale Zucker
1 Schale Rahm
4 Eier
1/2 Pkg. Backpulver
Saft und Schale
von 1 Zitrone
Butter und Mehl
für die Form

- Rahm fast ganz steif schlagen
- Zucker und Dotter dazugeben und weiterrühren
- gesiebtes Mehl, Backpulver, Zitronenschale und Zitronensaft mit dem steifgeschlagenen Eiweiß unter die Sahnemasse heben
- Masse in eine befettete und bemehlte Kastenform füllen
- ins kalte Rohr schieben
- ca. 1 Stunde bei 180 °C backen

Variation: *die Hälfte der Masse mit 40 g Kakaopulver verrühren*

Weißenbacher Kropfn

750 g Roggenmehl
250 g Weizenmehl
100 g Butter
1 Ei
Salz
etwas Milch

Fülle:
250 g gemahlener Mohn
80 g Zucker

Erdnussöl zum Backen

- alle Zutaten zusammenkneten
- 1/2 Stunde rasten lassen
- für die Fülle alle Zutaten vermischen
- aus dem Teig dünnere Rollen formen und gleichmäßige Stücke herunter schneiden
- dünn in ovale Blätter ausrollen
- Blätter füllen
- zusammenlegen und gut andrücken
- in heißem Öl herausbacken

Pustertaler Grantnkrapfen

350 g Weizenmehl
150 g Roggenmehl
1 Ei
1 EL Öl
1 EL zerlassene Butter
ca. 250 ml Milch
1 EL Schnaps
1 Prise Salz
Preiselbeermarmelade und Bocksilemehl (= Johannisbrotmehl) zum Füllen
Erdnussöl
Staubzucker zum Bestreuen

- alle Zutaten mischen und zu einem Teig zusammenkneten
- 1 Stunde rasten lassen
- für die Fülle Marmelade und Johannisbrotmehl vermischen
- runde Blätter mit ca. 14 cm Durchmesser ausrollen
- mit Fülle bestreichen, zu einem Halbmond zusammenklappen und mit Krapfenrad abradeln
- schwimmend in heißem Öl herausbacken
- mit Staubzucker bestreuen

Tipp: *Krapfen auf Küchenpapier gut abtropfen lassen*

Bauernstrauben

280 g Mehl
1 Prise Salz
40 g Butter
1/4 l warme Milch
2 EL Rum
3 Eier
Erdnussöl
Zucker und Zimt zum Bestreuen

- aus Mehl, Salz, flüssiger Butter, Milch, Rum und Eiern einen eher weichen Teig zubereiten
- mit Trichter kreisförmig ins heiße Fett einlaufen lassen
- vorsichtig herausheben
- mit Zucker und Zimt bestreuen
- mit Zwetschenkompott oder Apfelmus servieren

Pustertaler Mohnkrapfen

500 g Weizenmehl
1 Dotter
1/16 l Öl
1 Prise Salz
1 EL Rum
1 EL Zucker
Wasser nach Bedarf

Fülle:
300 g Topfen
150 g geriebener Mohn
1 EL Honig
Zimt
1 Pkg. Vanillezucker
1 EL Rum
Schale von 1 Zitrone

Erdnussöl

- alle Zutaten zu einem nicht zu festen Teig zusammenkneten
- 1 Stunde rasten lassen
- für die Fülle alle Zutaten gut vermengen
- aus dem Teig runde Blätter auswalken, mit Mohnfülle belegen, zusammenklappen und Rand fest andrücken
- schwimmend im heißen Öl herausbacken

Tipp: *Frittieren: Temperatur ist richtig, wenn eingesprengter Wassertropfen zischend verdampft*

Schwarzpolentatorte mit Äpfeln

250 g Butter
250 g Zucker
8 Eier
250 g Schwarz-polentamehl
1 Prise Salz
250 g geriebene Haselnüsse
1 Pkg. Backpulver
1 Pkg. Vanillezucker
2 Äpfel
Preiselbeermarmelade zum Füllen
Butter und Mehl für die Form

- Butter, Zucker, Vanillezucker, Salz, Dotter flaumig rühren
- Schwarzpolentamehl, Haselnüsse, Backpulver, geriebene Äpfel, steifgeschlagenes Eiweiß locker unterheben
- in vorbereitete Tortenform füllen und glattstreichen
- bei 180° C 45 Minuten backen
- in der Mitte durchschneiden und mit Preiselbeermarmelade füllen

Anisschnitten

2 Eier
2 EL Wasser
100 g Zucker
100 g Mehl
1 Msp. Backpulver
Anis zum Bestreuen

- Eier, Wasser und Zucker schaumig rühren
- gesiebtes Mehl und Backpulver vorsichtig unterheben
- Masse auf vorbereitetes Blech streichen
- mit Anis bestreuen
- bei 180 °C backen
- ausgekühlt in Streifen schneiden

Kirchtagskrapfen

Sauerteig:
400 g Roggenmehl
400 g Weizenmehl
1 l Buttermilch
1 l Wasser

Teig:
2 kg Roggenmehl
2 kg Weizenmehl
40 g Hefe
Salz, Anis, Kümmel nach Geschmack
1 1/4 l Buttermilch und Wasser vermischt

Erdnussöl

- Sauerteig ca. 4 Tage vor dem Backen ansetzen: jeden Tag ca. 200 g Mehl, 1/4 l Wasser und 1/4 l Buttermilch dazurühren, an einem warmen Ort gehen lassen
- Dampfl bereiten
- alle Zutaten vermischen und zu einem mittelfesten Teig verrühren
- Teig gut durchkneten
- ca. 1 Stunde gehen lassen
- Stücke in gewünschter Größe abschneiden und zu länglichen Krapfen austreiben
- Brett anfeuchten, Tuch daraufgeben, Krapfen sorgfältig darauflegen
- sogleich zudecken
- 1/2 Stunde gehen lassen
- in heißem Fett herausbacken

Spitzbuben

280 g Mehl
210 g Butter
140 g Staubzucker
140 g Mandeln
1 Msp. Zimt
1-2 EL Milch
Marillenmarmelade
Staubzucker

- alle trockenen Zutaten vermischen
- Butter abbröseln
- eventuell mit etwas Milch rasch zu einem Mürbteig verarbeiten
- ca. 1/2 Stunde kühl rasten lassen
- Teig messerrückendick auswalken, Scheiben ausstechen
- jede zweite Scheibe mit einem kleinen runden Ausstecher lochen
- bei 180 °C hell backen
- je zwei mit Marmelade zusammensetzen, mit Staubzucker bestreuen

Zwetschkenkuchen

350 g Mehl
30 g Germ
1/8 l Milch
1 Prise Salz
50 g Butter
70 g Zucker
Schale von 1 Zitrone
1 Ei

Belag:
1,5 kg Zwetschken
1 TL Zimt
1 EL Zucker

- Dampfl zubereiten
- Mehl mit Dampfl, lauwarmem Milch-Butter-Gemisch, Salz, Zucker, Zitronenschale, Ei zu mittelfestem Germteig zusammenkneten
- ca. 30 Minuten gehen lassen
- Teig auf einem befetteten Blech auswalken
- eng mit geviertelten Zwetschken belegen (Innenseite nach oben)
- ca. 40 Minuten bei 180 °C backen
- noch heiß mit dem Zucker-Zimt-Gemisch bestreuen

Variation: *Marillen, Pfirsiche, Äpfel*

Topfenkrapfen

500 g Weizenmehl
200 g Butter
150 g Zucker
400 g Topfen
2 Eier
1 Pkg. Backpulver
1 Pkg. Vanillezucker
1 Prise Salz
Marmelade zum Füllen

- alle Zutaten zu einem mittelfesten Teig verarbeiten
- mit Nudelwalker 1/2 cm dick auswalken
- Scheiben ausstechen, mit Marmelade füllen, in der Mitte zusammenklappen, Rand gut andrücken
- aufs Blech geben
- bei 180 °C goldgelb backen

Variation: *Mohnfülle*

Polsterzipfel (Hasenöhrlan)

500 g Weizenmehl
100 ml Sahne
ca. 1 TL Salz
1 Eidotter
1 Schuss Rum
heiße Milch zum Aufgießen
Marmelade zum Füllen
Staubzucker zum Bestreuen
Erdnussöl zum Backen

- alle Zutaten zu einem mittelfesten Teig zusammenkneten
- ca. 1/2 Stunde rasten
- aus dem Teig 2 dünne Blätter ausrollen
- auf ein Blatt Marmeladehäufchen daraufsetzen und mit dem 2. Blatt abdecken
- Ränder fest zusammendrücken und beliebige Formen ausradeln
- Öl erhitzen und Krapfen schwimmend herausbacken
- auf Küchenpapier gut abtropfen und servieren

Pusterer Räder

1 kg Weizenmehl
120 g Butter
2 Eier
3/8 l Milch
Salz, Kümmel, Anis
1 EL Rum
Erdnussöl zum Backen
Staubzucker zu Bestreuen

- Butter in das Mehl schneiden
- Kümmel und Anis zerstoßen
- restliche Zutaten dazugeben und zu einem Teig zusammenkneten
- fingerdicke Wurst formen
- ca. 2 cm breite Scheiben abschneiden und kleine Knödel formen
- in einer leicht bemehlten Schüssel einschichten
- zugedeckt ca. 1/2 Stunde rasten lassen
- zu dünnen, runden Blätter ausrollen
- mit einem Kochlöffelrücken das Blatt in der Mitte drehen
- in heißem Öl schnell herausbacken
- mit Staubzucker bestreuen

Marmeladekrapfen

220 g Weizenmehl
180 g Roggenmehl
1 Ei
1 Eidotter
2 EL Sahne
30 g Butter
1 EL Öl
1/10 l Milch
1 TL Salz
Marmelade zum Füllen
Erdnussöl zum Backen

- alle Zutaten zusammenkneten
- 1 Stunde rasten lassen
- ovale Blätter austreiben, mit Marmelade füllen, zusammenklappen, die Ränder festdrücken und abradeln
- schwimmend im heißen Öl herausbacken

Variation: *Kastanien-, Zwetschken-, Marillenmarmelade*

Topfenweggelen

500 g Weizen-
vollkornmehl
200 g Zucker
150 g Butter
1 Pkg. Backpulver
1 Pkg. Vanillezucker
Schale von 1 Zitrone
250 g Topfen
2 Eier
1 Prise Salz
je 60 g Sultaninen,
Nüsse, Schokolade

- alle Zutaten zu einem Teig zusammenkneten
- 3 schmale Weggelen formen
- bei 180° C 30 Minuten backen
- auskühlen lassen, mit zerlassener Butter bestreichen und mit Staubzucker bestreuen

Dinkel-Früchtebrot

250 g Dinkelmehl
250 g Weizen-
vollkornmehl
100 g Weizenmehl
60 g Germ
1 EL Zucker
ca. 1/8 l Milch
100 g Nüsse
100 g Trockenfeigen
100 g Sultaninen
1 Prise Salz
Wasser oder Kaffee
zum Bestreichen

- verschiedene Mehle mit Salz vermischen
- Dampfl bereiten
- mit lauwarmer Milch und gehackten Früchten zu einem mittelfesten Teig kneten
- ca. 1 Stunde gehen lassen
- Laibe ausformen
- mit Wasser oder Kaffee bestreichen, einstechen
- noch einmal kurz gehen lassen
- im vorgeheizten Rohr zunächst ca. 20 Minuten bei 250 °C, dann weitere 20 Minuten bei 150 °C backen

Löwenzahnhonig

6 Doppelhände Löwenzahnblüten
5 l Wasser
3 Zitronen
4 kg Zucker

- Zitronenscheiben, Löwenzahnblüten und Wasser zum Kochen bringen
- 10 Minuten kochen lassen
- Blüten gut ausdrücken und Flüssigkeit mit Tuch abseihen
- Zucker dazugeben
- 6 Stunden langsam kochen lassen (nicht umrühren)
- in saubere Gläser füllen
- kühl stellen

Fichtenhonig

2 Doppelhände Fichtenwipfel
3 Zitronen
3 l Wasser
2,5 kg Zucker

- Zitronenscheiben, Fichtenwipfel und Wasser 10 Minuten kochen
- auskühlen lassen
- Fichtenwipfel ausdrücken, Flüssigkeit mit Tuch abseihen
- Zucker dazugeben
- 6 Stunden langsam kochen lassen
- in saubere Gläser füllen
- kühl stellen

Ribissaft

1 kg rote Ribis
1 l Wasser
20 g Weinsteinsäure
ca. 600 g Zucker

- Ribis, Wasser und Säure 12 Stunden stehen lassen
- abseihen
- Zucker hinzufügen
- aufkochen
- heiß in Flaschen füllen

Himbeersirup

1 kg Himbeeren
1/2 l Weinessig
1/2 l Rotwein
2 kg Zucker

- Himbeeren, Weinessig und Rotwein 2 Tage stehen lassen
- gut auspressen
- Zucker untermischen
- 2-3 Minuten aufkochen lassen
- heiß in Flaschen abfüllen

Register

Fleisch und Fischgerichte

Süßspeisen und Gebäck

Brot

Verschiedenes